OÙ QUI QUAND COMMENT POURQUOI?

TOME 2

Données de catalogage avant publication (Canada)

Samson, Guy

Où ? qui ? quand ? comment ? pourquoi ?
(Collection Essai)
ISBN 2-7640-0407-9 (v. 1)
ISBN 2-7640-0531-8 (v. 2)

1. Questions et réponses. I. Titre.

AG196.F8S25 2000 034'.102 C00-941301-4

LES ÉDITIONS QUEBECOR
7, chemin Bates
Outremont (Québec)
H2V 1A6
Tél. : (514) 270-1746

Bibliothèque nationale du Québec
Bibliothèque nationale du Canada

Éditeur : Jacques Simard
Coordonnatrice de la production : Dianne Rioux
Conception de la couverture : Bernard Langlois
Photo de la couverture : EyeWire
Infographie : Claude Bergeron

Nous reconnaissons l'aide financière du gouvernement du Canada par l'entremise du Programme d'Aide au Développement de l'Industrie de l'Édition pour nos activités d'édition.

Gouvernement du Québec – Programme de crédit d'impôt pour l'édition de livres – Gestion SODEC

Guy Samson

OÙ QUI QUAND COMMENT POURQUOI ?

TOME 2

LES ÉDITIONS
Quebecor

SOMMAIRE

INTRODUCTION

Le tome 2 de *Où? Qui? Quand? Comment? Pourquoi?* s'adresse aux curieux, soit aux enfants et aux adultes qui ont su conserver cette merveilleuse faculté. Il constitue la suite du tome 1 qui contenait une foule de renseignements sur des sujets aussi variés que l'Univers, la conquête de l'espace, la Terre, les animaux, les végétaux, les minéraux et l'Homme.

Toujours présentés sous forme de questions et réponses, les thèmes abordés dans le présent ouvrage représentent le complément logique du premier : inventions, petites et grandes découvertes, personnages célèbres, coutumes, croyances et superstitions, les mots et leur origine.

Ce livre n'est pas fait pour être lu d'une traite. Il se lit au « petit coin », dans la salle d'attente du dentiste ou du médecin, quand vous avez du temps à perdre... de façon constructive, amusante et enrichissante. Prenez-le et déposez-le aussi souvent que ça vous tente.

Lisez-le à votre rythme ou utilisez l'index à la fin quand vous cherchez un sujet en particulier. Et surtout, gardez à l'esprit cette phrase de Blaise Pascal : *Il est bien plus beau de savoir quelque chose de tout, que de savoir tout d'une chose.*

Bonne lecture !

INVENTIONS, CONSTRUCTIONS, PETITES ET GRANDES DÉCOUVERTES

QU'EST-CE QUE LA CALLIGRAPHIE ?

La calligraphie est un art qui remonte à l'époque où des moines passaient leur vie entière à recopier des manuscrits. Il s'agit d'une forme stylisée d'écriture, faite de lettres facilement lisibles et toutes à peu près identiques, qui ont donné par la suite naissance aux premiers caractères utilisés en imprimerie.

QUELLE EST L'ORIGINE DE L'HÉLICOPTÈRE ? PEUT-IL FAIRE DE LONGS VOYAGES ?

Comme beaucoup d'autres inventions modernes, c'est Léonard de Vinci qui fut le premier, en 1480, à imaginer l'hélicoptère. Il en fit même un dessin. Ses théories furent reprises en 1680 par Borelli et en 1768 par Paucton. Cependant, ce sont les Français Launoy et Bienvenüe qui furent les premiers à faire voler un modèle réduit en 1784. En 1862, le Français Ponton d'Amécourt inventa le terme « hélicoptère » et mit au point un prototype mû par un moteur à vapeur, prototype qui ne vola jamais. Il fallut attendre 1907 pour que Paul Cornu réussisse le premier décollage. En 1908, l'ingénieur russe Sikorsky inventa le rotor, ce qui marqua l'apparition de l'hélicoptère moderne. Depuis, on a surtout raffiné le concept de base. Entre le 1er et le 30 septembre 1982, Ross Perot et Jay Coburn ont effectué le premier tour du monde en hélicoptère. Le premier vol en solitaire fut réussi entre août 1982 et juillet 1983 par un Australien. Il faut dire que la plus grande vitesse jamais atteinte par un hélicoptère est de 400 km/h, ce qui n'en fait pas le moyen idéal pour des voyages transatlantiques.

Qui a inventé le savon ?

Il n'est pas possible de dire qui a inventé le savon, puisque ce produit était déjà utilisé en Mésopotamie 2 500 ans avant notre ère. C'était un savon mou, de qualité médiocre, fait d'huiles associées à des cendres végétales. Les Romains et les Gaulois ont découvert ce produit au IVe siècle. D'ailleurs, le mot « savon » vient du gaulois *sapo*. Ce n'est qu'à partir du XIIIe siècle qu'on a commencé à faire du savon solide et la recette n'a pas changé jusqu'à la fin du XVIIIe siècle, lorsqu'on a découvert un nouveau procédé pour fabriquer du carbonate de sodium. Ce nouveau procédé a permis de baisser les coûts de production et de démocratiser l'usage du savon qui, jusque-là, était réservé aux riches.

Depuis quand la guerre biologique existe-t-elle ?

Contrairement à ce qu'on serait tenté de croire, la guerre biologique existe depuis l'Antiquité et a pris de nombreuses formes au cours de l'histoire. Dans l'Antiquité, on lançait avec des catapultes des cadavres de victimes de maladies infectieuses. En Crimée, en l'an 1346, on utilisait des cadavres de pestiférés. En Amérique, au XVIIIe siècle, plusieurs tribus indiennes furent victimes d'épidémies à la suite de la distribution de couvertures contaminées par des Anglais sans scrupules.

Les avions de l'avenir

L'industrie aérospatiale n'a pas encore beaucoup bénéficié des technologies mises au point dans l'espace. Cependant, on travaille sur de nouvelles générations d'avions qui pourraient voir le jour vers les années 2010-2015. Les Français, les Britanniques, les Allemands et les Américains sont tous à travailler sur des prototypes d'avions qui pourront voler à plusieurs fois la vitesse du son, sortir de l'atmosphère terrestre et même transporter des passagers jusqu'à d'éventuelles stations orbitales.

Pourquoi un mètre mesure-t-il… un mètre ?

Cela ne modifiera probablement pas grand-chose dans votre vie, mais saviez-vous comment on détermine la longueur du mètre ? À la Révolution française, le mètre était l'unité qui représentait le 10 millionième de la longueur d'une ligne droite qui allait de l'équateur au pôle Nord en passant par Paris. On avait calculé que cette ligne représentait une distance d'exactement 10 000 km. Malheureusement, en 1960, on se rendit compte que cette ligne mesure 10 002 km. Plutôt que de refaire le mètre plus long, on le redéfinit tout simplement. Depuis 1983, le mètre est égal au trajet que parcourt un faisceau lumineux sous vide pendant une durée de 1/299 792 458 de seconde.

POURQUOI ARISTOTE EST-IL APPELÉ LE PÈRE DE LA SCIENCE ?

Aujourd'hui, quand on lit les théories d'Aristote, certaines nous semblent bien farfelues. Mais il faut se reporter à l'Antiquité et savoir qu'Aristote a été le premier homme à développer des théories de fonctionnement du monde à partir de l'observation logique du monde réel. Ce n'est ensuite qu'au XVIIe siècle que les savants se rendirent compte que des théories basées sur la logique devaient aussi être expérimentées avant d'être considérées comme définitives.

QUELLE EST L'ORIGINE DU SUCRE DE BETTERAVE ?

Le procédé permettant d'extraire du sucre de la betterave a été découvert par l'Allemand Andreas Marggraf en 1747. Mais à ce moment, le procédé n'intéressa personne puisque les fabricants de sucre avaient d'immenses plantations de canne à sucre dans les colonies et que cela était amplement suffisant pour alimenter le monde entier. Il aura fallu une guerre entre les Anglais et les Français au début du XIXe siècle pour que le procédé soit mis en pratique. Quand les Anglais établirent un blocus naval contre la France, celle-ci fut privée du précieux sucre qui provenait des colonies. L'empereur Napoléon Bonaparte fit alors construire en toute vitesse une quarantaine d'usines de raffinage qui alimentèrent en sucre toute la France. Cent litres de jus de betterave vont donner entre 12 et 17 kg de sucre.

QUEL EST LE PRINCIPE DE LA LAMPE HALOGÈNE ?

L'ampoule halogène fonctionne sur le même principe que l'ampoule électrique conventionnelle. Par contre, le filament qui produit la lumière se trouve dans un gaz halogéné qui produit une incandescence plus forte. En plus d'être plus lumineuses, les ampoules halogènes sont aussi plus grandes consommatrices d'électricité.

COMMENT FABRIQUE-T-ON LE BÉTON ?

Le béton est un simple mélange de sable et de gravier ou de petites pierres concassées. Le tout est lié par un ciment qui a la propriété de durcir quand on y mélange de l'eau. La qualité du béton variera selon les proportions ciment-eau et ciment-cailloux. Dans la bétonnière, le béton est constamment brassé pour éviter le durcissement, la formation de grumeaux et de poches d'air. Quand on intègre au béton une armature d'acier, il devient du béton armé et sa résistance s'en trouve améliorée.

POURQUOI N'Y A-T-IL PAS DE SILLONS SUR UN DISQUE COMPACT ?

Anciennement, on gravait les disques sur des plaques de vinyle. Le sillon contenait l'information et l'aiguille du lecteur vibrait au gré des variations du sillon pour reproduire les sons enregistrés. Quand on grave un disque compact, les impulsions électriques enregistrées sont numérisées et ce sont des petits trous, invisibles à l'œil nu, qui sont gravés sur le disque grâce à un faisceau laser très fin. Pour la lecture, ce sera un autre faisceau laser qui permettra de reconstituer le son original. Grâce à ce procédé, les disques sont maintenant pratiquement inusables.

QU'EST-CE QUE LE PRIX PULITZER ?

Le prix Pulitzer est un prix qui est décerné annuellement à des journalistes, à des écrivains et à des compositeurs de musique. Ce prix prestigieux ne rapporte que la somme de 3 000 $, mais assure la notoriété du récipiendaire. Son fondateur, Joseph Pulitzer, est un immigrant hongrois qui a fait fortune aux États-Unis dans le domaine du journalisme. À sa mort, en 1911, il a légué un million de dollars à l'Université Columbia pour la création d'une école de journalisme. Un autre demi-million a été utilisé pour fonder le prix qui porte son nom.

Les origines du calendrier julien

C'est à Jules César que nous devons le premier calendrier de 12 mois. Le premier fut nommé en l'honneur du dieu Janus, qui avait, dit-on, deux visages : un qui regardait vers le passé, l'autre vers l'avenir. Ce serait là l'origine de la tradition qui veut que le début de la nouvelle année soit l'occasion de faire le bilan et de prendre des résolutions pour l'année qui commence.

Pourquoi fabrique-t-on du lait en poudre ?

Parce que le lait a tendance à fermenter et à tourner facilement sous l'effet de la chaleur, il a fallu trouver des moyens pour le conserver plus longtemps. Le lait en poudre est donc du lait déshydraté. En plus de se conserver longtemps, il est plus facile à transporter et on peut aussi y ajouter des substances nutritives. Quand on y ajoute de l'eau, il redevient du lait normal.

Pourquoi la majorité des animaux portent-ils des noms latins ?

C'est au naturaliste suédois Carl von Linné que revient cette initiative. Celui-ci vécut de 1707 à 1778 et il fut le premier à comprendre la nécessité de procéder à une classification de toutes les espèces. Pour éviter les malentendus, il a opté pour le latin. En effet, il suffit de penser que « chat » se dit *gatto* en italien, *cat* en anglais, soit d'autant de façons différentes qu'il y a de langues. Le terme scientifique universel est donc *felis*.

Qu'est-ce qui a rendu l'artiste Christo célèbre ?

Christo est un artiste américain qui s'est rendu célèbre par ses œuvres gigantesques et par ses emballages. En effet, en 1979, il érigeait en Californie une clôture de nylon blanc longue de 40 km. En 1982, il entoura un petit chapelet d'îlots situés près de Miami avec 1 600 000 km^2 de plastique rose. En 1985, après avoir mis 10 ans à convaincre les autorités françaises, il emballa complètement le Pont-Neuf, à Paris, dans 41 000 m^2 de plastique.

DEPUIS QUAND Y A-T-IL DU TRANSPORT EN COMMUN ?

C'est Blaise Pascal, le célèbre philosophe et mathématicien français, qui fut le premier à proposer un système de transport en commun, en 1661. Dès 1662, un premier trajet fut mis sur pied à Paris, desservi par quatre grandes calèches tirées par des chevaux. Les deux véhicules circulaient dans les deux sens, à huit minutes d'intervalle. Comme ils étaient mal adaptés aux rues et se déplaçaient trop lentement, le projet ne connut pas le succès espéré et l'entreprise fit faillite 15 ans plus tard.

En 1775, un Anglais, John Outram, inventait le tramway. Toujours tirés par des chevaux, ces véhicules circulaient sur des rails en fonte. Ce n'est cependant qu'en 1832 qu'apparut le premier tramway urbain et c'est à New York qu'il fut construit, entre Manhattan et Harlem. En 1852, un autre Français, Émile Loubat, eut l'idée de faire encastrer les rails dans le pavé. Il fit construire une première ligne à New York puis, l'année suivante, à Paris. En 1888, l'Américain Frank Sprague fit construire la première ligne de tramway électrique. Entre-temps, l'autobus avait vu le jour en 1831, en Angleterre, de même que le métro, en 1863, alors qu'une première rame souterraine de chemin de fer était inaugurée à Londres. Depuis, les autobus, plus pratiques et plus flexibles, ne nécessitant pas de rails et de lignes électriques, ont graduellement remplacé les tramways et les systèmes de métro se sont développés dans les grandes villes.

QUELLE EST L'ORIGINE DE LA BAIGNOIRE ?

Les Grecs et les Romains de l'Antiquité utilisaient déjà la baignoire, qui était généralement faite en marbre ou en argent. Au Moyen Âge, on utilisait un simple cuvier en bois. Au XVIe siècle, le célèbre chirurgien Ambroise Paré inventa une étuve, dans laquelle l'eau était chauffée, destinée à un usage thérapeutique. Il fallut presque 200 ans pour que la bourgeoisie adopte ce type de baignoire, et ce, seulement après qu'un artisan eut trouvé un moyen d'utiliser la tôle et de travailler pour offrir un coup d'œil agréable. Enfin vendues à un prix accessible, ces baignoires furent graduellement adoptées par tout le monde. Au fait, il semble que ce soit en 1853 que fut construit le premier hôtel doté de salles de bains dans chaque chambre. Il s'agit du Mount Vernon Hotel, à Cape May, dans le New Jersey.

QUELLE EST L'ORIGINE DE LA CIGARETTE ?

Ce sont des mendiants de Séville, en Espagne, qui ont inventé la cigarette au XVIe siècle. À cette époque, les gens plus fortunés fumaient le cigare. Les mendiants récupéraient le tabac des mégots de cigare qu'ils trouvaient et le roulaient dans de petits cylindres de papier pour le fumer. Graduellement, cette pratique se répandit en Espagne, au Portugal, en Italie, en Angleterre et en France, où, en 1844, apparut la première machine à fabriquer les cigarettes, le cigarettotype, inventée par un certain Le Maire. C'est en 1853, à Cuba, que fut fondée la première fabrique de cigarettes industrielles.

QUELLE EST L'ORIGINE DE LA QUININE ?

Le premier Européen guéri de la malaria était la femme du vice-roi d'Espagne au Pérou, la comtesse de Chinchon. Elle fut guérie en 1638 par l'absorption d'une médecine locale préparée avec l'écorce d'un arbre. En 1640, elle rentre en Europe avec le précieux médicament, mais ce sont les missionnaires jésuites qui en répandent l'utilisation. Au XVIIe siècle, un charlatan anglais à la mode, Robert Talbor, soigne ses riches patients avec cette médecine. Réussissant à guérir Charles II, roi d'Angleterre, il est nommé à l'Académie de médecine. Appelé au chevet du dauphin de France, il vend la formule à Louis XIV qui s'engage à ne pas la divulguer de son vivant. Quand Talbor meurt, en 1681, la formule est dévoilée, mais ce n'est qu'en 1820 que deux médecins français, Pelletier et Caventou, réussissent à isoler l'alcaloïde. Ils lui donnent le nom de quinine, dérivé de *quinquina*, qui signifie « l'écorce des écorces » en dialecte quechua. Aujourd'hui, la quinine est toujours utilisée en pharmacie, contre la fièvre et la syphilis plus particulièrement.

QUI EST LE VÉRITABLE PÈRE DE L'ORDINATEUR ?

L'invention de l'ordinateur a été attribuée à plusieurs inventeurs différents, dont des Anglais et des Américains. Cependant, en 1973, c'est une décision de justice qui en a attribué la paternité à l'américain John Vincent Atanasoff, un professeur de physique à l'université de l'État de l'Iowa. Il semble en effet que celui-ci aurait inventé et fait fonctionner la première machine électronique capable de calculs complexes et fonctionnant en langage binaire. Il semble de plus que les inventeurs de l'ENIAC, longtemps considéré comme le premier ordinateur, se soient appuyés sur les travaux du professeur Atanasoff.

Les igloos sont-ils solides ?

Les Inuit sont maintenant habitués à vivre dans des maisons. Ils construisent encore des igloos à l'occasion, lors de longs voyages, par exemple. Il faut à peu près deux heures pour construire un petit igloo. Premièrement, il faut creuser une tranchée longue de 2 m et profonde de 30 cm ; des blocs de neige sont découpés de façon à former un dôme quand les blocs sont empilés les uns sur les autres ; les fentes entre les blocs sont ensuite obturées avec de la neige fraîche. Quand la structure est en place, on ferme l'ouverture de l'igloo et on y allume une lampe à graisse. Cela fait fondre la neige qui se répand le long des murs, en raison de la forme conique de l'igloo. Puis, on ouvre la porte. L'air glacé fait geler les parois en quelques minutes. Celui-ci est maintenant assez solide pour supporter le poids d'un ours et ne commencera à fondre qu'à la venue de l'été.

Quelle est l'origine du cirque ?

Les hommes ont toujours aimé se divertir et il faut remonter à la nuit des temps pour trouver les premiers jongleurs et acrobates. Les anciens Grecs appréciaient les courses de chars, les Chinois se délectaient des prouesses des contorsionnistes et les Égyptiens avaient leurs dompteurs d'animaux sauvages. Ce sont les Romains qui ont donné son nom au cirque. Leurs « circus » étaient des pistes de course circulaires entourées de gradins pour les spectateurs. Pour faire patienter la foule, on présentait des à-côtés : jongleurs, acrobates. Graduellement, ceux-ci furent intégrés aux spectacles. Au Moyen Âge, les artistes se regroupaient pour travailler pour les nobles. Le premier cirque véritablement organisé comme ceux que nous connaissons aujourd'hui fut installé dans un théâtre de Londres, en Angleterre, par Philippe Astley, vers 1768. Presque en même temps, un Italien du nom de Franconi faisait de même en France. Très rapidement, de petites troupes ambulantes se formèrent et commencèrent à donner des spectacles sur les places des villages.

Aujourd'hui, les grands cirques, comme le cirque du Soleil, se promènent dans les grandes villes du monde pour perpétuer la tradition. Malheureusement, il y a de moins en moins de petites troupes ambulantes qui font des tournées dans les petites villes.

À QUOI SERT LE SIPHON SOUS LE LAVABO ?

Le siphon est ce coude en forme de S qui se trouve sous un renvoi d'eau. Quand on fait couler l'eau, elle descend, traverse la courbure et est évacuée de la maison. Mais dans le S, il reste toujours de l'eau qui forme un tampon servant à séparer la maison des égouts qui se trouvent en dessous. L'air des égouts sent mauvais à cause des déchets en décomposition qu'il contient. Le siphon, toujours rempli d'eau, empêche donc cette mauvaise odeur de pénétrer dans la maison.

POURQUOI MET-ON DU CHLORE DANS UNE PISCINE ?

Le chlore est un produit chimique qui est beaucoup utilisé pour combattre les germes. Une petite quantité est suffisante pour garder propre une grande quantité d'eau. Dans une piscine, il combat des germes qui pourraient transmettre des maladies. Bien que sans pitié pour les bactéries de l'eau, le chlore est sans danger pour les baigneurs. À l'état pur, le chlore est vert. Humphrey Davy, celui qui l'a découvert, lui a donné son nom à partir du mot grec *chloros*, qui signifie « vert ».

QUELLE EST L'ORIGINE DU JOUET ?

Les enfants ont toujours aimé imiter les adultes et se livrer à des activités ressemblant à celles de leurs parents. On peut donc croire que les premiers jouets avaient pour but de répondre à cette envie. À ce jour, les fouilles archéologiques ont permis de retrouver un certain nombre de jouets : des crécelles, des ustensiles miniatures, des figurines d'animaux. En Perse, on a même retrouvé une figurine de lion montée sur un socle à roulettes, que l'enfant pouvait traîner derrière lui. En Égypte, on a aussi découvert des toupies, des balles en cuir, des poupées et des petits jouets mécaniques en bois actionnés par une ficelle. Malheureusement, il est bien difficile de savoir à quoi ressemblaient les jouets des enfants de la préhistoire puisque ceux-ci étaient probablement taillés dans le bois et n'ont donc pas pu se conserver jusqu'à nos jours.

POURQUOI LA BALLE DE CAOUTCHOUC REBONDIT-ELLE ?

Le caoutchouc est une matière poreuse. Par conséquent, une balle de caoutchouc contient aussi de l'air. Quand on la laisse tomber sur le sol, la balle s'aplatit légèrement avant d'essayer de reprendre sa forme originale. C'est en y parvenant qu'elle rebondit. D'ailleurs, quand une balle de caoutchouc est éventée, elle ne rebondit plus aussi bien. Cette tendance qu'a un objet à essayer de reprendre sa forme originale après avoir subi une pression extérieure s'appelle l'élasticité.

COMMENT FAIT-ON POUR FAIRE VOLER UNE PERSONNE DANS UN FILM ?

Il existe plusieurs trucs pour donner l'impression qu'une personne vole dans un film. Le plus simple et le plus ancien consiste à attacher cette personne avec un harnais soutenu par des fils métalliques très fins. Mais la technologie ayant évolué, le cinéma utilise aujourd'hui des systèmes de masques. Le personnage est étendu sur une table et simule les gestes qu'il ferait s'il volait. Cette scène est filmée sur un fond bleu qui disparaîtra sur la pellicule, ne montrant plus qu'une personne qui semble flotter dans le vide. On superposera ensuite ce film avec celui de l'endroit que la personne doit survoler et on aura alors l'impression que celle-ci vole au-dessus d'une ville. Cette technique, jumelée à l'utilisation de l'ordinateur pour superposer parfaitement les images, donne des effets saisissants et on a vraiment l'impression de voir quelqu'un voler comme un oiseau... ou comme Superman.

Pourquoi les navires de guerre sont-ils tous gris ?

Le camouflage a toujours constitué une partie importante de la guerre, l'objectif étant de ne pas être repéré par l'ennemi. À l'usage, on s'est rendu compte que le gris était la couleur qui convenait le mieux pour rendre les bateaux difficiles à voir. En fait, cette couleur a été adoptée par presque toutes les marines du monde. Pendant la Deuxième Guerre mondiale, il arrivait aussi que l'on peigne des zébrures noires sur la coque des navires. Cela avait pour but de mêler les sous-marins ennemis en donnant l'illusion que le navire avait plusieurs étraves.

Combien la Grande Muraille de Chine mesure-t-elle ?

Le tronçon principal de la Grande Muraille de Chine s'étend sur 3 640 km. Les tronçons secondaires, sur 2 860 km, ce qui donne donc une longueur totale de 6 500 km. Sa hauteur varie de 4,5 m à 12 m et elle atteint jusqu'à 10 m de largeur. C'est la seule construction humaine qui soit visible de la Lune à l'œil nu. Un Chinois du nom de Lin Youdian a déjà parcouru à pied la totalité de la longueur de la muraille. Cela lui a pris deux ans.

Depuis quand les scouts existent-ils ?

En 1899, le colonel Baden-Powell, lors du siège de Mafeking, en Afrique du Sud, créa un corps de cadets pour servir de messagers. Ceux-ci avaient entre 12 et 16 ans. En 1907, il organisait une première réunion de « boy-scouts » et en 1908, il publiait un livre pour publiciser ses idéaux. Dès 1911, il y avait déjà plus de 500 000 scouts dans le monde.

Les alchimistes pouvaient-ils vraiment transformer les métaux en or ?

Il existe de nombreuses légendes à ce sujet, mais aucun alchimiste n'a jamais été en mesure d'en faire une démonstration concrète. En 1783, un alchimiste anglais du nom de James Price fut sommé de faire la démonstration de ses pouvoirs par la Royal Society de Londres. Incapable de réaliser l'exploit devant témoins, il préféra se suicider en avalant de l'acide prussique. Ce fut d'ailleurs la dernière fois que la science accordait une importance à l'alchimie.

Les premières embarcations

Selon toute vraisemblance, la première embarcation fut un tronc d'arbre. En effet, l'homme a remarqué un jour que les arbres flottaient. Il a commencé à s'en servir puis, graduellement, lui a donné des formes en creusant le tronc. Par la suite, la construction s'est raffinée. On a lié des troncs ensemble pour faire des embarcations plus grandes. Le plus vieux bateau connu est conservé au musée d'Assen, aux Pays-Bas, et il aurait été fabriqué environ 6 500 ans av. J.-C. Il s'agit d'un tronc de pin évidé de 3 m de long.

La naissance de la coccinelle

C'est en 1934 qu'Adolph Hitler discuta avec le constructeur Ferdinand Porsche de la construction d'une automobile bon marché que toutes les familles allemandes auraient facilement pu se procurer. En 1938, les premiers prototypes pour usage militaire sortaient des chaînes de montage, mais la guerre en empêcha la production. En 1945, l'usine était complètement détruite. Les Alliés relancèrent la production, mais ne jugèrent pas bon d'investir dans la Volkswagen, « l'automobile du peuple ». Les Américains trouvaient que l'auto ne présentait aucun intérêt pour l'acheteur moyen, tandis que les Britanniques la trouvaient trop laide et trop bruyante. Mais elle eut tellement de succès en Allemagne et en Europe qu'elle contribua au redressement de l'économie allemande. Ce n'est qu'en 1959 que les Américains s'y intéressèrent enfin et ce sont eux qui lui trouvèrent son surnom de « coccinelle », en raison de sa forme. Ce fut la consécration et on eut même droit à une coccinelle vedette de cinéma. Depuis 1945, elle s'est vendue presque partout dans le monde à 21 millions d'exemplaires et elle est toujours produite au Mexique.

Comment le train tient-il sur les rails ?

Anciennement, les rails avaient la forme d'un L. C'était la partie verticale du L qui empêchait la roue de dérailler. Aujourd'hui, ce sont les roues elles-mêmes qui jouent ce rôle.

En raison de leur forme, on les appelle des roues à boudin. Renflées sur la partie intérieure de la jante, elles empêchent la roue de glisser hors du rail.

QU'EST-CE QUE LA PHRÉNOLOGIE ?

La phrénologie est une pseudoscience qui a eu beaucoup de succès au XIXe siècle et jusqu'au début du XXe siècle. Son fondateur, le Dr Franz-Joseph Gall, avait divisé le crâne humain en 37 parties différentes et se targuait de pouvoir décrire la personnalité et les capacités de quelqu'un en fonction de la forme de son crâne puisque celui-ci, prétendait-il, donnait des indices révélateurs sur le cerveau lui-même. Même après la découverte d'un espace entre le crâne et le cerveau, où se trouve le liquide céphalo-rachidien, la phrénologie resta populaire et un appareil pour mesurer les dimensions du crâne, appelé phrénomètre, fut utilisé jusqu'en 1907.

COMMENT LE LSD EST-IL NÉ ?

Le LSD est né en 1943 d'une erreur de manipulation. Deux chimistes suisses travaillaient depuis déjà un bon moment à mettre au point un tonicardiaque quand l'un d'eux, Albert Hoffman, vint en contact avec du LSD 25 (acide lysergique). Pris de malaises, il rentra chez lui et se mit à délirer et à avoir des hallucinations. Le lendemain, il en absorba volontairement 250 millionièmes de gramme et vécut encore les mêmes phénomènes. Dans les années 60, le LSD devint un hallucinogène à la mode, avant d'être interdit.

QUELLE EST L'ORIGINE DU PERMIS DE CONDUIRE ?

Le permis de conduire, qui fête ses 100 ans en 1993, s'appelait à l'origine le « certificat de capacité à conduire un véhicule à moteur mécanique ». Pour l'obtenir, le candidat devait avoir 21 ans au moins et démontrer à un ingénieur des Ponts et Chaussées qu'il pouvait mettre en marche et arrêter le véhicule. Comme la vitesse moyenne dans Paris se situait alors autour de 12 km/h et de 20 km/h en rase campagne, on n'avait pas encore jugé bon d'instaurer un code de la route. Les gendarmes en vélo furent parmi les premiers à commencer à s'inquiéter de ne pas pouvoir être en mesure de mettre la main au collet de ceux qui faisaient des excès de vitesse. Le certificat devint permis de conduire en 1922, à peu près en même temps que naissait le premier code routier, en réponse aux nombreux accidents de la route mortels qui s'étaient déjà produits.

Qui a inventé le four à micro-ondes, le lave-vaisselle et le taekwondo ?

Le four à micro-ondes a été inventé par un Américain, Percy Le Baron Spencer, en 1945. Le premier lave-vaisselle mécanique a été mis en marché aux États-Unis en 1865, alors que le premier lave-vaisselle automatique est né en 1940, toujours aux États-Unis. Le taekwondo est un sport de combat traditionnel d'origine coréenne, proche parent du karaté, et dont on ne connaît pas l'inventeur.

En quelle année le château Frontenac fut-il construit ?

Le château Frontenac fait partie d'une série d'hôtels construits au Canada entre 1886 et 1930, financés par le Canadien Pacifique et dont l'architecture est inspirée par les châteaux de la Loire des XIVe et XVe siècles. Le bijou de la série, le château Frontenac, fut construit en 1892 par l'architecte d'origine américaine Bruce Price. Son succès comme hôtel fut tel qu'on dut l'agrandir trois fois au cours des 20 années suivantes. Le château Laurier, à Ottawa, le château Victoria, à Victoria, le Royal York, à Toronto, et la gare Windsor, à Montréal, font partie de cet ensemble qui compte plusieurs autres édifices de style château.

Quelle est l'origine de la coupe Stanley ?

Lord Stanley, un ancien député conservateur britannique, vint s'établir au pays en 1888 après avoir été nommé Gouverneur général du Canada. Sa carrière n'a rien eu de remarquable, sinon qu'il donna en 1893 une coupe qui portait son nom à la meilleure équipe de hockey amateur. La coupe en argent valait alors la somme de 50 $ et était destinée à la meilleure équipe amateur du pays.

QUELLE EST LA PLUS GRANDE STATUE AU MONDE ?

Non, ce n'est pas la statue de la Liberté avec ses 47 m. Celle-ci se classe seulement au quatrième rang. Le bouddha de Bamiyan, 53 m, date de l'an 600 et se trouve près de la frontière de l'Afghanistan et de l'Inde. Le bouddha Dafo, 70 m, a été achevé en 713, en Chine, après 90 ans de travaux. Finalement, l'Appel de la patrie, 82 m, surplombe la ville de Saint-Petersbourg, en Russie, et a été érigée pour commémorer les centaines de milliers de morts de la Deuxième Guerre mondiale.

QUAND COMMENÇA-T-ON À UTILISER DE LA MONNAIE DE PAPIER ?

Comme les Chinois ont inventé le papier, il ne faut donc pas se surprendre qu'ils aient aussi inventé la monnaie de papier en l'an 650. Au XIIIe siècle, cette monnaie fit partie des découvertes qui émerveillèrent Marco Polo lors de ses voyages en Chine. Ce n'est qu'en 1400 que certaines banques européennes se mirent à honorer les lettres de change et ce n'est que plus tard encore, soit en 1661, qu'un banquier suédois créa un billet de banque. Le pauvre fit faillite six ans plus tard et on dut attendre jusqu'en 1694 pour que la Banque d'Angleterre tente de nouveau l'expérience. Entre-temps, en 1685, Jacques de Meulles, administrateur de la garnison de Québec, payait les soldats avec des... cartes à jouer, sur lesquelles il inscrivait les sommes qui leur étaient dues. Ces cartes-billets eurent cours légal pendant près d'une centaine d'années.

QUELLE EST L'ORIGINE DU PASSEPORT ?

La possession d'un passeport semble aujourd'hui normale à quiconque voyage un peu. Mais dans les temps reculés, les frontières n'existaient pas, les moyens de locomotion non plus ; on se déplaçait peu. Dans l'ancienne Égypte, les messagers du pharaon portaient une bague ornée d'un sceau officiel. C'est dans la Rome antique que les empereurs ont commencé à délivrer des sauf-conduits, valables pour l'empire aussi bien que pour les pays étrangers. Les citoyens romains qui voyageaient ainsi bénéficiaient d'une protection. Une lettre de César Auguste à un voyageur du Ier siècle se lisait ainsi : « Si quiconque sur mer ou sur terre est assez audacieux pour importuner Potamon, qu'il réfléchisse s'il sera assez fort pour engager le combat avec César. »

Dans l'Europe du Moyen Âge, les voyageurs portaient des documents manuscrits qui leur servaient à la fois de pièce d'identité et de protection. Comme les pèlerins peu fortunés pouvaient facilement se faire expulser des villes, ils se munissaient d'un *testimonial* qui était délivré par le clergé. Au XIe siècle, Canute, un roi anglais, fournit aux pèlerins une lettre élaborée, promettant aux villes, villages et monastères étrangers les prières de ceux qu'ils accueillent. Les Américains commencent à délivrer des passeports à leurs citoyens qui en font la demande en 1856, tandis que n'importe qui peut entrer aux États-Unis jusqu'en 1918. En fait, c'est après la Première Guerre mondiale que plusieurs pays sentent le besoin d'exercer un contrôle plus rigoureux sur qui entre sur leur territoire et en sort. En 1921, la Ligue des nations propose un format de passeport universel. Le petit livret que nous connaissons maintenant risque à court terme d'être remplacé par une carte à puce qui donnerait beaucoup plus d'informations que l'actuel passeport et qui serait plus difficile à contrefaire.

QUELLE EST L'ORIGINE DU *READER'S DIGEST* ?

Pendant la Première Guerre mondiale, DeWitt fut blessé par éclats d'obus. Sa convalescence fut longue et lui permit de feuilleter une quantité astronomique de magazines. Il développa alors une technique pour condenser les articles qu'il jugeait trop longs tout en leur gardant leur substance. En 1922, il commençait la publication de son propre magazine, utilisant un nouveau format condensé. Aujourd'hui, le *Reader's Digest* est lu par plus de 100 millions de lecteurs chaque mois.

QUI A INVENTÉ LE TALON DE CAOUTCHOUC POUR LES CHAUSSURES ?

Humphey O'Sullivan travaillait dans une imprimerie. Il devait passer de nombreuses heures debout sur un plancher en béton et cela lui causait des douleurs et des crampes dans les jambes. Il commença donc à se tenir debout sur un tapis en caoutchouc. Cela diminua ses maux de jambes, mais s'avérait bien peu pratique puisqu'il devait traîner son tapis sous son bras. Partant de ce principe, il fixa des morceaux de caoutchouc sous le talon de ses chaussures. Cela se passait en 1896. Cet éclair de génie régla le problème de O'Sullivan et assura ensuite sa fortune.

Comment l'eau peut-elle monter jusqu'au sommet d'un gratte-ciel ?

Dans les grandes villes, les systèmes de distribution d'eau sont équipés de pompes puissantes qui poussent l'eau dans les systèmes de canalisation de la ville, puis dans les tuyaux des maisons. Quand on ouvre un robinet, on libère l'eau emprisonnée dans le tuyau. Dans le cas d'un gratte-ciel très élevé, il peut arriver que la pression ne soit pas assez forte pour pousser l'eau jusqu'aux étages supérieurs. Dans ce cas, on installe une pompe puissante dans le sous-sol de l'édifice et celle-ci achemine l'eau dans un réservoir situé sur le toit. De là, l'eau est distribuée aux étages supérieurs par le simple principe de la gravité.

Pourquoi François René de Chateaubriand est-il reconnu ?

François René de Chateaubriand était un Français qui vécut de 1768 à 1848. Dans sa jeunesse, il a participé à la prise de la Bastille, puis il a beaucoup voyagé en Amérique. À son retour en France, il a écrit des nouvelles et des pièces de théâtre. Par contre, ce qui l'a vraiment rendu célèbre, c'est la façon dont il faisait couper sa viande par son chef, Montmireil, coupe qu'on connaît maintenant sous le nom de chateaubriand.

Comment les œufs Bénédict furent-ils inventés ?

En 1894, un riche Américain du nom de Samuel Benedict était descendu à l'hôtel Waldorf-Astoria. Se réveillant un bon matin avec une gueule de bois carabinée, il demanda au maître d'hôtel de lui préparer un petit déjeuner sur mesure pour se soigner. Il commanda donc un œuf poché sur une tranche de pain rôtie, accompagnée de bacon et d'une sauce hollandaise. Le maître d'hôtel remplaça le pain et le bacon par un muffin et du jambon. Ainsi naquit l'œuf Bénédict.

Pourquoi le shampooing mousse-t-il plus à la seconde application ?

Quand nous faisons une première application de shampooing dans nos cheveux, le gras naturel de ceux-ci a un effet négatif sur la mousse. Après le rinçage, ce gras disparaît en partie et le second shampooing peut alors mousser plus facilement.

Qu'est-ce que la cryogénisation ?

La cryogénie est une science qui existe depuis une trentaine d'années et qui étudie les phénomènes qui se produisent à très basses températures. À force d'expérimentation dans tous les domaines, on a découvert que la cryogénie pouvait être applicable aux tissus vivants. Cela a donné naissance à d'autres sciences dérivées, comme la cryochirurgie, la cryobiologie, la cryothérapie et la cryoconservation. On sait que Walt Disney s'est fait cryogéniser. Son corps, conservé à très basse température, pourrait être ranimé quand on aura trouvé un remède au cancer incurable dont il souffre. Étant donné que la technique est expérimentale et que les coûts de congélation et de conservation sont énormes, très peu de personnes sont en mesure de les assumer. Reverra-t-on un jour Walt Disney sur nos écrans de télévision ? Pour l'instant, ce n'est encore que de la science-fiction.

Comment produit-on du brouillard pendant un spectacle ?

Le moyen le plus simple de produire du brouillard sur scène consiste à utiliser de la neige carbonique, qui est du dioxyde de carbone à l'état solide. Quand un bloc de neige carbonique est plongé dans de l'eau très chaude, il produit une épaisse vapeur qui ressemble à du brouillard. Sur scène, ce processus s'effectue à l'intérieur d'un caisson hermétique équipé d'un tuyau qui permet de contrôler le volume et la direction des nappes de brouillard.

Quelle est l'origine des cartes à jouer ?

Selon un jésuite, le père Ménestrier, qui vécut au XVIIe siècle, les premières cartes à jouer furent fabriquées en France en 1392 afin de divertir le roi Charles VI. Les figures représentaient la structure féodale de l'époque. Par contre, il faut savoir que les Perses jouaient déjà aux cartes il y a de cela plus de 3 000 ans. Le poker tire d'ailleurs son origine d'un jeu qui était pratiqué par ceux-ci et qui incluait déjà l'aspect du bluff. Introduit en Europe par les croisés, le jeu se répandit graduellement et fut peu modifié.

À QUAND L'IDÉE DE CREUSER UN TUNNEL SOUS LA MANCHE REMONTE-T-ELLE ?

L'idée de relier la France et l'Angleterre par un tunnel sous la Manche remonte au XVIIIe siècle. En effet, en 1771, le géologue français Nicolas Desmaret présentait un projet de tunnel. Applaudi puis rejeté, un nouveau projet fut présenté à Napoléon Bonaparte en 1802. Cette fois, c'est la guerre qui met un frein au projet. En 1867, un nouveau projet voit le jour et reçoit l'approbation de Napoléon III et de la reine Victoria. Les travaux commencent en 1872 et sont arrêtés en 1883 en raison des coûts exorbitants et d'un mouvement anti-tunnel qui a vu le jour en Angleterre. C'est en 1986 que le projet est ressuscité.

QUELLE EST LA DIFFÉRENCE ENTRE LES BORNES-FONTAINES ROUGES ET LES BLEUES ?

Dans toutes les villes, les bornes-fontaines rouges appartiennent au service des incendies qui les utilisent pour s'alimenter en eau. À Montréal, il y a aussi des bornes-fontaines bleues. Celles-ci ont la même fonction que les rouges, mais appartiennent à la Communauté urbaine de Montréal et sont destinées à répondre à des urgences dans le métro. Avant de stationner, il faut donc surveiller les panneaux indicateurs car il peut très bien être interdit de stationner à proximité, tout comme c'est le cas pour les rouges.

POURQUOI UN PONT GÈLE-T-IL PLUS RAPIDEMENT QU'UNE ROUTE ?

Le tablier d'un pont gèle plus rapidement que le pavage d'une route parce qu'il est exposé aux éléments tant par le haut que par le bas. La route, pour sa part, se trouve à obtenir une certaine protection du sol qui agit un peu à la manière d'un isolant.

QUELLE EST L'ORIGINE DU SOUS-MARIN ?

Au XIIIe siècle, un moine, Roger Bacon, prédit que l'homme serait un jour en mesure de naviguer sous l'eau. Quelques siècles plus tard, Léonard de Vinci imagina le premier prototype de sous-marin, mais refusa de rendre ses plans publics, de peur que les hommes en fassent un mauvais usage.

En 1620, un médecin hollandais, Cornelis Van Drabbel, dans un vaisseau recouvert de cuir et fonctionnant à rames, réussit à effectuer quelques plongées dans la Tamise. Ses immersions duraient quelques minutes et lui permettaient de descendre à 4 m ou 5 m de profondeur. Les Américains réalisèrent d'autres prototypes pendant la Révolution et essayèrent de les utiliser comme armes de guerre avec très peu de succès. Le premier véritable sous-marin moderne fut construit un peu plus tard par Robert Fulton, l'inventeur du bateau à vapeur, mais il ne connut pas de succès même s'il pouvait faire des plongées de plusieurs heures. G. W. Garett, un pasteur anglais, reprit le principe et utilisa la vapeur comme mode de propulsion. Ce système fut perfectionné par l'ingénieur suédois Nordenfelt, dont le sous-marin réussit à effectuer un voyage long de 22 km sans devoir remonter à la surface. En 1875, l'Américain John P. Holland lançait le premier d'une longue série de sous-marins mus à l'essence. Cette fois, la marine américaine l'adopta. Par la suite, le principe est toujours demeuré le même, seuls des perfectionnements ont été apportés, jusqu'au sous-marin nucléaire qu'on connaît aujourd'hui.

QUELLE EST L'ORIGINE DE L'OCÉANOGRAPHIE ?

Le père de l'océanographie biologique est Aristote, qui étudia la faune aquatique des côtes de la Grèce. Sans outils et sans livres, Aristote fit des observations remarquables et ce n'est qu'au début du XIXe siècle qu'Edouard Forbes, un biologiste anglais, allait reprendre là où Aristote avait laissé. Au XVIIIe siècle, le capitaine James Cook explora de vastes étendues de l'océan Pacifique et dressa des cartes d'îles jusqu'alors inconnues.

Après sa mort, Charles Darwin fit aussi des observations intéressantes, mais le père de l'océanographie moderne est Matthew-Fontaine Maury, un lieutenant de la marine américaine.

Voyant qu'il fallait en connaître plus sur les courants, les vents et les fonds marins pour permettre une navigation plus sécuritaire, il étudia des milliers de journaux de bord. Grâce à ceux-ci, il fut en mesure de réaliser les premières cartes tenant compte des vents et des courants marins. C'est aussi lui qui vit la nécessité d'étudier le fond de l'Atlantique avant l'installation des premiers câbles entre l'Europe et l'Amérique. Il fit exécuter des sondages systématiques et fit recueillir des échantillons des fonds. Grâce à ces relevés, il fut en mesure d'indiquer la route à suivre pour installer le premier câble. Sa carrière prit fin lors de la guerre civile américaine. En 1872, soit un an avant la mort de Maury, le HMS Challenger quittait l'Angleterre pour amorcer la première véritable expédition océanographique. Pour la première fois, l'objectif n'était pas la découverte de nouvelles terres ou de nouvelles sources de richesse, mais l'étude de la mer. L'expédition du Challenger, ancêtre de la Calypso du commandant Jacques-Yves Cousteau, allait mener à l'intégration de l'océanographie physique et biologique.

DEPUIS QUAND FABRIQUE-T-ON DE LA CÉRAMIQUE ?

La fabrication de la céramique est un procédé simple, et plusieurs peuples se sont échangé leurs méthodes ou se sont influencés mutuellement. À cause de cela, il est difficile de déterminer l'origine des différents procédés. Par contre, les experts s'entendent sur un point : la fabrication de la céramique remonte à la période néolithique, soit à environ 12 000 années.

À QUAND LA CONSTRUCTION DES PREMIERS CANAUX REMONTE-T-ELLE ?

Selon les historiens, les premières voies d'eau artificielles servaient à drainer des terres cultivables ou à contrôler les crues des rivières. On découvrit par la suite qu'on pouvait aussi y naviguer. Ce genre de canal existait déjà en Égypte et en Mésopotamie au moins 35 siècles av. J.-C. Un des plus remarquables fut construit en Égypte en 600 av. J.-C. pour relier le

Nil à la mer Rouge, et il fut utilisé jusqu'en 767, année où le calife Al-Mansur le fit détruire.

Pourquoi les bateaux flottent-ils ?

Le principe de flottaison d'un navire relève d'un phénomène physique. Tout corps plongé dans un liquide est soumis à deux forces : son poids (de haut en bas) appliqué à son centre de gravité et la pression (de bas en haut) appliquée par le liquide. Tant que la poussée est supérieure au poids, le corps flotte. Dans cette optique, un navire est tout simplement un corps de grande dimension qui déplace un volume d'eau dont le poids est supérieur à son propre poids, qu'il soit vide ou rempli. Alors, pas besoin d'air dans la cale.

Quelle est la plus forte explosion non atomique provoquée par l'homme ?

Le 5 avril 1958, on a fait exploser 2 756 324 lb d'explosifs dans le passage Seymour, qui sépare la côte de la Colombie-Britannique et l'île de Vancouver. L'objectif était de faire sauter des écueils sous-marins qui nuisaient à la circulation maritime. Cette explosion fut enregistrée par tous les sismographes de l'ouest du Canada et des États-Unis.

Quelles sont les marques de commerce les plus connues dans le monde ?

Le logo d'une compagnie est généralement facilement reconnaissable et donne une bonne idée de la popularité du produit. Selon une étude effectuée dans 24 pays et pour laquelle on a consulté plus de 10 000 personnes, on a présenté environ 6 000 logos célèbres. Ceux qui ont été les plus reconnus et les plus facilement associés à un produit sont Coca-Cola, Sony, Mercedes Benz et Walt Disney. Rolls Royce vient au 9e rang ; Nike, Adidas et Reebok figurent dans les 20 premiers.

Quelle est l'automobile qui a été produite pendant le plus longtemps ?

Cet honneur revient à la première génération de la fameuse Coccinelle de Volkswagen. Produite en Allemagne depuis 1938, la production se fit ensuite au Mexique, à partir de 1981. Le 31 décembre 1991, la 21 000 000e Coccinelle sortait des chaînes de montage.

QUI SONT LES PLUS GRANDS PRODUCTEURS DE VÉHICULES UTILITAIRES ET D'AUTOMOBILES ?

En 1990, les Japonais ont produit 9 753 000 voitures, suivis des Américains avec 5 438 000. Vient ensuite l'Allemagne avec 4 659 000 véhicules produits, suivie de la France avec 3 187 634. Quant aux véhicules utilitaires, le Japon en a produit 3 492 000, les États-Unis, 3 366 000 et la France, 423 139.

QU'AVAIENT DE PARTICULIER LES CONSTRUCTIONS INCAS ?

Les Incas ont construit des pyramides, des temples, des palais et des grandes villes entourées de murailles. Certaines des pierres utilisées pèsent une centaine de tonnes et les joints sont si précis qu'on ne peut pas y glisser une lame de couteau. Ces pierres étaient assemblées avec un mortier parfaitement jointif, mais suffisamment souple pour résister aux tremblements de terre. C'est en 1952 que l'on découvrit cette propriété, lors d'un tremblement de terre qui détruisit la ville de Cuzco, au Pérou, alors que les seules structures qui ne bougèrent pas furent les fondations de la ville qui dataient du temps des Incas.

QUELLE EST L'ORIGINE DU BOOMERANG ET COMMENT FONCTIONNE-T-IL ?

On croit que les chasseurs australiens utilisent le boomerang depuis plus de 10 000 ans et le record homologué du plus long jet appartient à un ingénieur australien. Son boomerang a franchi 111 m avant de faire demi-tour. Il existe des modèles en forme de « V », de « T », de « X » et de « Y ». Ce qui est important, c'est que les pièces en bois soient arrondies sur le dessus et plates en dessous, comme des ailes d'avion. En plein vol, il se déplace à près de 100 km/h et tournoie à raison d'environ dix tours à la seconde, en émettant un léger vrombissement. La trajectoire qu'il parcourt est due à un phénomène d'aérodynamisme et au fait que le boomerang est en fait deux objets en un seul : un gyroscope et une surface portante. Lancé verticalement de la main droite — l'effet est contraire dans le cas d'un lanceur gaucher —, la branche droite fend l'air plus rapidement et offre une meilleure portance. Ce sont les forces de l'aérodynamisme qui le font basculer, puis qui lui font décrire une boucle. Un bon lanceur peut même lui faire effectuer une trajectoire en forme de « 8 » et le rattraper en plein vol.

Quelle est l'origine du bungee ?

Selon une vieille légende, une femme infidèle, pourchassée par son mari, se serait réfugiée au sommet d'un palmier. Quand il réussit à la rejoindre, elle le traita de lâche et le défia de se jeter dans le vide avec elle. Il accepta et se tua, alors qu'elle s'était attachée les chevilles à une liane. Chaque année, dans l'île de la Pentecôte, des hommes se jettent en bas d'une plate-forme d'une trentaine de mètres de haut, les chevilles retenues par des lianes dont la longueur et l'élasticité ont été préalablement vérifiées. Les accidents sont rares, mais presque toujours mortels. Le bungee fait appel à une technologie plus moderne, mais les risques d'accidents n'ont pas été complètement éliminés.

Depuis quand le beurre existe-t-il ? Est-il bon pour la santé ? Doit-on le remplacer par la margarine ?

On fait du beurre depuis plus de 3 000 ans. Essentiellement, du beurre, c'est la matière grasse du lait. On l'obtient en écrémant le lait, en pasteurisant la crème ainsi obtenue et en ajoutant quelques ferments lactiques. Il faut 5,5 l de lait pour donner 250 g de beurre. Cru, le beurre est la plus digeste des matières grasses et contient une forte teneur de vitamine A. Chauffé dans une poêle, il perd sa vitamine et peut devenir indigeste. Pas plus gras que la margarine, le beurre, en quantité raisonnable, peut faire partie d'un régime alimentaire équilibré.

Quelles sont les plus anciennes ruines ?

La plus ancienne construction humaine découverte à ce jour est celle d'un cercle fait de blocs de lave empilés qui servait d'aire de travail et qui daterait de 1 750 000 ans. Ce vestige a été découvert en 1960 dans les gorges d'Olduvai, en Tanzanie.

En 1965, en France, on découvrait les ruines de 21 huttes, datant de 400 000 ans, en faisant les vestiges des plus vieilles habitations construites de main d'homme.

De quoi les chapeaux de Panama sont-ils faits ?

Les chapeaux de Panama, réputés pour être à peu près indestructibles, sont fabriqués avec la fibre d'une plante qui ressemble au palmier. Le carludovica palmé est un petit arbuste qui atteint 2 à 3 m de hauteur et qui pousse sur les côtes du Pacifique, dans la région de Panama. On récolte ses feuilles en forme d'éventail et on les fait blanchir à l'eau bouillante. On les fait ensuite sécher, avant de les mouiller de nouveau et de les assembler ensuite à la main.

Le calendrier grégorien est-il universel ?

Le calendrier grégorien est maintenant universel pour ce qui touche les activités civiles dans tous les pays. Cependant, cette adoption a été graduelle et n'a pas été sans problème. En Grande-Bretagne, il fut adopté en 1752 et pour s'ajuster, il fallut retrancher 11 jours au calendrier julien en vigueur jusqu'alors. Des manifestations monstres ont eu lieu, au cours desquelles les manifestants réclamaient qu'on leur rende les 11 jours ainsi perdus. Les derniers pays à l'adopter furent le Japon (1873), la Chine (1911), l'URSS (1918), la Roumanie et la Yougoslavie (1919) ainsi que la Grèce (1923).

À quoi sert le code à barres que l'on voit sur beaucoup de produits ?

Le code à barres placé sur l'emballage d'un produit contient diverses informations comme le code du pays d'origine, celui du fabricant et celui du produit lui-même. Ce code est normalisé, ce qui signifie qu'il répond à une norme internationale. Un lecteur automatique situé à la caisse du magasin lit ces informations, les relaie à un ordinateur central qui, lui, retourne le prix à la caisse. Il permet donc d'alléger l'opération de marquage des prix en plus d'assurer un suivi plus efficace des inventaires, une plus grande rapidité des opérations à la caisse ainsi que la disparition des erreurs de prix.

Qui a inventé le code morse ?

L'inventeur du code morse s'appelle Samuel Morse. En 1832, il eut l'idée d'utiliser l'électricité pour transmettre des messages, et c'est en 1838 qu'il fait la première démonstration publique de ce qui allait devenir le télégraphe. Son code utilise le trait et le point pour remplacer les lettres, chiffres et signes de ponctuation. Les codes les plus courts remplacent les lettres les plus courantes. À l'émission, on utilise un manipulateur manuel ou automatique à bande perforée ; la réception se fait en lisant les sons ou en lisant une bande de papier perforé. Le morse est entré dans l'histoire lors de l'émission du premier SOS par le Titanic. La petite histoire dit que SOS veut dire *Save our Souls,* mais il n'en est rien. Ce code de détresse a tout simplement été adopté parce qu'il se retient bien et qu'il est facilement reconnaissable. Bien que dépassé par la technologie moderne, le code morse est encore utilisé dans la marine pour des raisons de sécurité.

Quelle est l'origine du jeu de Monopoly ?

Le jeu de Monopoly a été inventé en 1935 par l'Américain Charles Darrow. Darrow, comme beaucoup d'autres Américains, avait été victime de la Grande Dépression de 1929 et il voulait créer un jeu qui pourrait faire gagner beaucoup d'argent tout en permettant au perdant de ne perdre que de l'argent… de Monopoly. Le jeu original — et celui qui est encore utilisé dans les tournois — représente la ville d'Atlantic City. Il existe présentement des versions en 19 langues différentes, vendues à plus de 100 millions d'exemplaires dans 80 pays différents. Il existe des championnats nationaux et un championnat mondial qui a lieu tous les deux ans. Le but du jeu consiste à acquérir, à vendre ou à louer des terrains et des immeubles jusqu'à ce que l'un des joueurs mette la main sur le monopole des terrains, d'où le nom de Monopoly.

Depuis quand connaît-on l'existence des vitamines ?

Dès la fin du XIXe siècle, on soupçonnait l'existence d'une substance contenue dans l'alimentation et indispensable à l'organisme. Le biochimiste américain C. Funk fut le premier à isoler cette substance en 1914 et lui donna le nom de vitamine (« vital » et « amine »), croyant avoir isolé une molécule de la famille des amines. C'était la vitamine B_1. Presque en même temps, deux autres Américains isolaient la vitamine A. Dans les années 20, on découvrit aussi les vitamines C, D et E.

DEPUIS QUAND FAIT-ON DES TRANSFUSIONS SANGUINES ?

Le premier essai sérieux de transfusion sanguine a été fait par un obstétricien anglais, le Dr James Blundell, en 1829. D'autres expériences ont été faites par la suite, dont sur les animaux. C'est le biologiste Karl Landsteiner qui, en 1900, reconnaît chez l'humain des groupes sanguins différents. Il s'installa aux États-Unis en 1919 pour continuer ses recherches et finit d'identifier tous les groupes sanguins ainsi que le facteur Rhésus en 1940. À partir de là, on put commencer à faire des transfusions sans danger, connaissant les groupes sanguins des donneurs et des récipiendaires.

COMMENT LES PILES FONCTIONNENT-ELLES ?

Le courant électrique d'une pile provient de la réaction chimique de deux électrodes et d'un électrolyte. Les deux électrodes sont reliés aux pôles métalliques de la pile. Quand celle-ci est insérée dans un circuit, il se produit alors un courant ininterrompu d'électrons, allant du pôle négatif au pôle positif. Selon les matériaux utilisés, la pile a une durée de vie plus ou moins longue.

QUELLE EST L'ORIGINE DE LA CROIX-ROUGE ?

En 1859, le suisse Henri Dunant se rendit par affaires en Italie pour rencontrer Napoléon III. C'est pendant son séjour que se déroula la bataille de Solferino. Dunant assista à cette bataille et fut tout à fait scandalisé de voir que les armées abandonnaient leurs soldats blessés. Il fonda alors la Croix-Rouge et s'attacha à alerter l'opinion publique internationale, après avoir mis sur pied, en 1863, le Comité des Cinq avec des compatriotes. De ce comité naquit la Convention de Genève en 1864. Cette convention reconnaissait le rôle de la Croix-Rouge et l'obligation pour les parties impliquées dans des guerres de protéger leurs blessés et de leur assurer les soins médicaux. Par la suite, d'autres conventions mirent de l'avant les mêmes principes pour les guerres navales (1899), les prisonniers de guerre (1929) et les populations civiles (1949). De nombreux pays ont depuis adhéré à la Convention de Genève et Henri Dunant a reçu le prix Nobel de la paix en 1901. En temps de paix, la Croix-Rouge participe à des actions humanitaires.

Quel est le plus grand télescope au monde ?

Le plus grand télescope au monde est celui de Zelentchouk, en Russie. Construit à 2 070 m d'altitude, son miroir principal a un diamètre de 6 m. Il a été inauguré en 1976. Jusque-là, c'était le télescope du mont Palomar, en Californie, qui détenait la palme depuis 1948, avec son miroir de 5,08 m de diamètre.

Existe-t-il des trucs pour améliorer la vue ?

En 1919, le docteur William H. Bates, ophtalmologiste, a publié un livre qui s'intitule *Mieux voir sans lunettes*. Dans ce livre, il décrit sept exercices de base qui, pratiqués régulièrement, seraient en mesure d'améliorer la vue. L'écrivain Aldous Huxley, dont la vue faiblissait rapidement, découvrit la méthode Bates en 1939 et la mit en pratique. Un peu plus tard, enthousiasmé par les résultats, il a écrit un livre, *L'Art de voir*, pour parler de son expérience et de l'amélioration qu'il a constatée. Cette méthode a cependant ses limites et ne peut prétendre guérir des cataractes ou des glaucomes, pour lesquels il faut consulter un ophtalmologiste. De toute façon, si vous avez des problèmes avec vos yeux, il est important de consulter un spécialiste en la matière. Peut-être que cette personne pourra vous renseigner sur cette méthode.

Quelle est la bombe atomique la plus puissante ?

Ce sont les Soviétiques qui, en 1961, firent exploser la bombe thermonucléaire la plus puissante jamais testée. Son onde de choc fit trois fois le tour de la Terre et les experts estiment que sa puissance variait entre 62 et 90 mégatonnes. En 1963, l'URSS annonçait qu'elle possédait une bombe de 100 mégatonnes. Un tel engin pourrait creuser un cratère de 100 m de profondeur et de 3 km de diamètre. Elle engendrerait une boule de feu qui s'étendrait sur 14 km de diamètre. En comparaison, la bombe atomique qui a détruit Hiroshima, au Japon, en 1945, tuant directement ou indirectement plus de 150 000 personnes, ne faisait que 12,5 mégatonnes.

COMMENT FABRIQUE-T-ON DE L'HUILE DE TABLE ?

Dans un premier temps, on broie ou concasse les graines ou les fruits. Ce procédé donne une pâte épaisse qui est ensuite pressée. Ce premier pressage donne une huile de première qualité. On peut presser la pâte de nouveau après l'avoir chauffée, mais l'huile sera de qualité inférieure. L'huile passe ensuite dans une centrifugeuse où elle est raffinée, c'est-à-dire débarrassée de son eau et des impuretés qu'elle peut contenir.

DEPUIS QUAND UTILISE-T-ON LES TIMBRES-POSTE ?

Le timbre-poste a fait son apparition en Angleterre en mai 1840. Jusque-là, c'était le destinataire qui devait payer les frais de poste en fonction de la distance que le colis ou la lettre avait franchie. Le premier timbre, le Penny Black, imprimé sur de grandes feuilles de papier, devait être découpé avec des ciseaux et collé à la main. Le prix de celui-ci variait en fonction de l'éloignement du destinataire. On estime à 68 millions le nombre de Pennies Black imprimés. Il en resterait encore six millions en circulation, pour les collectionneurs.

QUELLES SONT LES PROPRIÉTÉS DU GORE-TEX ?

Le Gore-Tex a été inventé en 1969 par l'Américain Bob Gore. Il s'agit d'un dérivé du téflon qui, lorsqu'il est expansé, a la propriété de protéger du vent et des intempéries tout en permettant d'éliminer la transpiration. On le trouve donc fréquemment dans les vêtements et les chaussures de sport ou de plein air. De plus, on a élaboré des applications pour l'industrie, l'électronique et la médecine.

DEPUIS QUAND L'ASPIRINE EXISTE-T-ELLE ?

L'aspirine, de son vrai nom l'acide acétylsalicylique, revendique l'honneur d'être le premier médicament à avoir été synthétisé en laboratoire. C'est le Français Charles Gerhardt qui réalisa cette synthèse en 1853, sans toutefois en reconnaître l'intérêt pratique. En 1893, Félix Hoffman, chimiste à la compagnie Bayer, découvre que le produit a des effets bénéfiques pour son père qui souffre de rhumatismes. Bayer commercialise finalement le produit en 1899, sous le nom d'Aspirin. A pour acétyle, spir pour Spiraca ulmeria (la reine-des-prés, la plante dont on a synthétisé la substance) et in parce qu'au début du siècle, les noms de médicaments en « in » étaient à la mode. Aujourd'hui, il se consomme plus de 100 milliards de cachets d'aspirine annuellement.

QUELLE EST LA DIFFÉRENCE ENTRE UN ROBOT ET UN ANDROÏDE ?

Par définition, un robot est une machine qui peut effectuer de façon répétitive des tâches pour lesquelles il a été programmé. On en trouve sur les chaînes de montage d'automobiles et même dans nos cuisines (robot culinaire). Un androïde est un robot qui a apparence humaine. On peut en trouver dans les parcs d'attraction de Walt Disney, mais leurs fonctions sont extrêmement limitées. Un jour peut-être réussira-t-on à fabriquer un véritable androïde qui aura les capacités d'un robot, mais ce n'est pas pour demain.

QUAND LE PREMIER ANNUAIRE A-T-IL ÉTÉ PUBLIÉ ?

Le premier annuaire d'une ville a été publié en 1785 par John MacPherson. Il comportait les 6 250 noms et adresses des habitants de la ville de Philadelphie. Le premier bottin téléphonique publié pour la ville de Paris et sa banlieue comptait 6 245 abonnés et fut publié en 1889.

QU'EST-CE QU'UN SYSTÈME DOLBY ?

Un ingénieur américain du nom de Ray Dolby avait travaillé à la conception du premier magnétoscope. En 1967, il présenta le Dolby A, un système de réduction de bruits parasitaires qui peuvent se retrouver sur les bandes enregistrées et qui peuvent en altérer le son. Rapidement, ce système a été adopté par les professionnels. Quelques années plus tard, il récidivait avec le Dolby B, que l'on allait rapidement trouver sur les chaînes musicales commerciales. Ne se reposant pas sur ses lauriers, il a appliqué sa technologie au domaine du cinéma pour rehausser la qualité du son et pour donner une impression de profondeur et de relief. Aujourd'hui, cette technologie est tellement répandue que bien peu de chaînes stéréophoniques n'en sont pas dotées. Il en est de même des films, dont la trame sonore est souvent réalisée en utilisant ce système.

QUE SONT LES ONDES MARTENOT ?

Les ondes Martenot sont un instrument de musique électrique. Inventées par le Français Maurice Martenot, elles furent présentées officiellement en 1928, à la même époque que plusieurs autres instruments qui, eux, n'ont pas survécu. Les ondes Martenot ont des sonorités pouvant s'approcher des sons d'instruments conventionnels, mais elles ont aussi leurs sonorités propres. Bien qu'elles ne soient pas très répandues, des pièces musicales majeures en font l'utilisation.

QUEL EST L'INSTRUMENT DE MUSIQUE LE PLUS ANCIEN ?

Il est à peu près impossible de remonter aux origines de la plupart des instruments de musique, qui sont le fruit d'une très longue évolution et qui sont souvent des adaptations d'instruments encore plus anciens. Le titre provisoire revient donc à la harpe, puisqu'on peut la retracer chez les Égyptiens et les Sumériens aussi loin que 3 000 ans av. J.-C. Pendant tout ce temps, elle n'a pas beaucoup changé, sauf dans les années 1800, à la suite de l'invention du double mouvement par le Français Sébastien Érard.

QUELLE EST L'ORIGINE DU FER À REPASSER ?

Le terme « fer à repasser » a commencé à être utilisé au XVIIe siècle, mais le principe même était déjà utilisé par les Chinois depuis le IVe siècle. Ceux-ci utilisaient pour repasser les vêtements un récipient dans lequel ils mettaient de la braise et qui était pourvu d'un manche en laiton. En Occident, on repassait les vêtements à froid, en utilisant un lissoir fait de bois, de verre ou de marbre, parce que les dentelles fines ne supportaient pas la chaleur. À partir du XVIIe siècle, ces lissoirs furent graduellement remplacés par des fers à jeter au feu, des fers à braise creux et on arriva lentement, au XIXe siècle, au classique fer de blanchisseuse que l'on chauffait sur le fourneau. C'est en 1882 que Henry W. Seely inventa le fer à repasser électrique. Peu pratique à l'origine, diverses compagnies fignolèrent le concept et le premier fer grand public fut commercialisé en 1949.

DEPUIS QUAND LES LOTERIES EXISTENT-ELLES ?

L'invention de la loterie est attribuée à un Italien, Benedetto Gentile, et on en fixe l'origine vers 1525. On dit qu'il aurait tout simplement adapté le système utilisé par la ville de Gênes pour renouveler les mandats des membres du conseil municipal. Après la guerre d'Italie, les Français eurent leur premier loto (de l'Italien *lotto*, qui signifie « lot ») jusqu'à son interdiction vers 1650.

QUELLE EST L'ORIGINE DES MOTS CROISÉS ?

Les premiers mots croisés ont été publiés dans l'édition du *New York World* du 21 décembre 1913 et portaient la signature du journaliste américain Arthur Wynne. Celui-ci travaillait au service des jeux du *New York World* et cherchait sans cesse de nouveaux jeux à présenter aux lecteurs. Il se rappela avoir déjà joué au carré magique avec son grand-père, quand il était petit. En partant du principe des mots croisés, il ajouta les cases noires et les définitions des mots à trouver.

QUI A INVENTÉ LE TUPPERWARE ?

C'est un chimiste américain, Earl W. Tupper, qui a inventé, en 1945, les contenants de plastique qui portent le nom de Tupperware. En plus de ses qualités, le produit a originalement connu le succès grâce à une technique de marketing unique. En effet, les produits Tupperware n'étaient pas vendus dans le commerce, mais par le biais de réunions. De plus, ils étaient garantis pour une période de dix ans. Aujourd'hui, on les trouve dans beaucoup de magasins.

QU'EST-CE QUE LE SEABUS ?

Le seabus est une invention française destinée au tourisme sous-marin. Il s'agit d'un petit sous-marin qui peut prendre à son bord jusqu'à 45 passagers et descendre jusqu'à environ

50 m. Son intérêt réside dans le fait que ses parois sont transparentes, puisque construites en plexiglass et en acrylique. Lancé à Monaco, le seabus transporte les touristes dans une réserve naturelle aménagée près des côtes de Monaco. On dit que les passagers ressentent des sensations similaires à celles du plongeur.

QUI SONT LES MÉDECINS SANS FRONTIÈRES ?

L'Association des médecins sans frontières est née en 1971, alors que des équipes de médecins français revenant du Pakistan et du Biafra décidèrent de mettre en commun leur expérience pour intervenir lors de catastrophes. Un des principaux piliers de l'organisation était Xavier Emmanuelli, qui s'occupe aujourd'hui des sidéens et des toxicomanes dans une prison de la banlieue de Paris. Depuis sa création, Médecins sans frontières a mobilisé un personnel de plus de 10 000 personnes qui sont intervenues dans plus de 80 pays. Tous les membres sont des bénévoles et ils ont reçu une formation particulière qui leur permet d'intervenir rapidement dans tous les coins du monde où il y a des épidémies, des séismes ou des guerres. Ses fonds proviennent d'organismes internationaux et de dons privés.

QU'EST-CE QUE LE CRACK ?

Le crack est un dérivé de la cocaïne. Souvent vendu sous forme d'ampoule, il se fume dans une pipe. Le prix d'une dose individuelle étant plus bas que celui de la cocaïne, il est relativement accessible, ce qui le rend d'autant plus dangereux puisqu'il cause un effet de dépendance presque instantané. Dans un premier temps, l'usager ressent une euphorie très intense, qui ne dure pas plus de quelques minutes, suivie d'anxiété, de désespoir et du désir d'en prendre une nouvelle dose. Le nom crack vient du fait que les petites parcelles de cocaïne émettent un craquement sous l'effet de la chaleur.

QUELLE EST L'ORIGINE DU FRISBEE ?

En 1861, un Américain du nom de William Russel Frisbie ouvrit dans le Connecticut une usine de gâteaux secs. Les « Frisbee Pies » furent appréciés pendant de nombreuses années, mais pas seulement en raison de leurs qualités culinaires. En effet, les gâteaux étaient disposés dans des boîtes métalliques rondes à bords relevés, qui s'empilaient de façon très pratique. Comme l'entreposage était facile, le gâteau connut beaucoup de succès auprès des écoles et de l'armée. Naturellement, étudiants et militaires découvrirent que les couvercles, lorsqu'ils étaient lancés, avaient une façon bien particulière de planer. L'usine de gâteaux n'existe plus depuis belle lurette, mais dans les années 60, la compagnie Wham-O-Corp a repris l'idée des couvercles volants. Les frisbees sont maintenant faits de plastique et sont plus aérodynamiques. Par contre, des collectionneurs s'arrachent encore à prix d'or les couvercles originaux.

QUI A INVENTÉ LE SANDWICH ?

Au XVIIe siècle, John Montagu, comte de Sandwich, passait une bonne partie de sa vie autour de tables de jeu. Son cuisinier, dont l'histoire n'a cependant pas gardé le nom, a dû faire preuve d'ingéniosité pour que son maître puisse manger sans avoir à abandonner ses interminables parties. Il a donc imaginé un jour de placer de la viande entre deux morceaux de pain pour que le comte puisse faire des repas rapides.

DEPUIS QUAND LA CHIROPRATIQUE EXISTE-T-ELLE ?

La chiropratique est née accidentellement en 1895. Daniel David Palmer avait jusque-là exercé le métier de magnétothérapeute. Un jour, il examina le concierge de l'immeuble où il habitait et qui souffrait de surdité depuis sept ans. En examinant son dos, il remarqua que plusieurs de ses vertèbres étaient mal alignées. Il procéda à un certain nombre de manipulations, replaça les vertèbres et guérit son patient de sa surdité. Fort de cette expérience, il fonda alors une école de chiropratique. Aujourd'hui, les chiropraticiens sont soumis au Code des professions du Québec et régis par l'Ordre des chiropraticiens du Québec.

PEUT-ON SE FIER AUX BIORYTHMES ?

Les biorythmes, ces courbes qui permettent d'évaluer les états physique, psychologique et intellectuel d'une personne, ont été découverts au début des années 1900. Présentés sous forme de graphique, ils permettent de voir d'un coup d'œil les périodes critiques qui attendent quelqu'un sur une période allant de un à six mois. *A priori*, les biorythmes représentent une explication intéressante de nos sautes d'humeur et peuvent nous dicter des choses à faire ou à ne pas faire lors de périodes considérées comme à risque. Cependant, des études très poussées ont été conduites sur le sujet depuis les années 60. La US Air Force arrivait à la conclusion que les réflexes de ses pilotes étaient un peu plus lents lors de leurs jours critiques. Par contre, une autre étude menée en Angleterre sur les biorythmes des conducteurs victimes d'accidents de la route n'a donné aucun résultat convaincant.

À QUOI SERVENT LES ADDITIFS ALIMENTAIRES ?

Les additifs alimentaires, selon leur fonction, se regroupent en 18 catégories : acidifiants, correcteurs d'acidité, antiagglomérants, antioxygènes, colorants, émulsifiants, exhausteurs de goût, gélifiants, agents d'enrobage, conservateurs, poudre à lever, stabilisants, épaississants, amidon modifié, sel de fonte, antimoussants, agents de traitement de la farine et matières aromatisantes. Certains de ceux-ci assurent la conservation, alors que d'autres sont utiles au moment de la fabrication pour empêcher un produit de bouillir ou de geler au moment de l'embouteillage. Les antioxygènes empêchent les graisses et les huiles de rancir ou à certains fruits de brunir au contact de l'air. Certains de ces produits peuvent avoir des effets néfastes sur la santé. Si vous avez des doutes, consommez plus d'aliments frais et évitez les aliments transformés. Cependant, des produits sans additifs devront être bien entreposés parce qu'ils risquent plus d'être contaminés par des bactéries.

COMMENT FONCTIONNE L'ACUPUNCTURE ?

L'acupuncture est une médecine traditionnelle chinoise qui existe depuis plus de 3 500 ans, basée sur l'harmonie entre le yin et le yang. Selon cette théorie, le corps est le point de rencontre entre deux sources d'énergie complémentaires. Quand cet équilibre est rompu, il s'ensuit des maladies ou des indispositions. Pour rétablir l'équilibre, on introduit des aiguilles à certains points du corps — il y en a plus de 2 000 —, le long de canaux d'énergie appelés méridiens. Dans certains cas, les aiguilles activent le flux d'énergie ; dans d'autres cas, elles les ralentissent.

QUELLE EST L'ORIGINE DU SOULIER ?

Il est difficile de savoir exactement à quand remontent les premières chaussures, mais on sait que les Égyptiens portaient des chaussures en papyrus en 4 000 av. J.-C. Parmi les chaussures, on compte les bottes, les souliers et les sandales. Le soulier proprement dit était commun chez les Grecs et les Romains. Son nom vient d'ailleurs du latin *solea* qui signifie « sandale ». Généralement fermé, comme notre soulier, il montait jusqu'à la cheville où il était fixé au moyen de courroies qui faisaient le tour de la jambe. Ce n'est qu'au Xe siècle que les bandelettes disparurent. Par la suite, le soulier adopta une grande diversité de formes, selon les modes ou les pays. Jusqu'au milieu du XIXe siècle, tous les souliers étaient pareils. Il fallait être assez riche pour se faire fabriquer deux souliers : un pour le pied gauche, un pour le pied droit.

LES AMPOULES HALOGÈNES SONT-ELLES PLUS ÉCONOMIQUES QUE LES AMPOULES CONVENTIONNELLES ?

En raison de son mode de fonctionnement, qui produit une lumière plus confortable et une plus grande maniabilité, la lampe halogène peut dépenser jusqu'à 10 fois plus d'énergie qu'une lampe à ampoule incandescente. Certaines peuvent même consommer autant d'énergie qu'un four. L'utilisation d'un variateur d'intensité ne diminue malheureusement pas l'énergie consommée dans les mêmes proportions qu'elle diminue l'éclairage.

LES PESTICIDES SONT-ILS DANGEREUX ?

Les pesticides synthétiques mais, surtout, leur usage massif, représentent de graves dangers pour la santé. L'Organisation mondiale de la santé estime d'ailleurs que 3 millions de personnes sont intoxiquées chaque année par ces pesticides. Le plus dangereux, le DDT, est d'ailleurs interdit depuis plus d'une vingtaine d'années dans les pays riches. Son prix ayant chuté, on s'est alors mis à le vendre aux pays du Tiers Monde, où il est encore utilisé sur une vaste échelle.

Certains autres produits comme l'heptachlore, que l'on trouve dans le chlordane, sont toxiques pour le foie et le cerveau. L'aldrine et le toxaphène peuvent causer des malformations congénitales. Le lindane, pour sa part, est totalement interdit en Europe. Malheureusement, la fabrication n'en est pas interdite et tous ces produits se retrouvent en vente libre dans les pays en voie de développement.

Quelle est l'origine de la radio ?

La radio est le résultat des recherches combinées de plusieurs inventeurs différents. En 1888, Heinrich Hertz prouvait l'existence des ondes électromagnétiques, devenues plus tard les ondes hertziennes, en son honneur. Il construisit le premier émetteur et le premier récepteur, mais n'y trouva aucune application pratique. Deux ans plus tard, en 1890, le Français Édouard Branly inventait le cohéreur et construisait un récepteur qui pouvait fonctionner jusqu'à une dizaine de mètres de l'émetteur. En 1994, un physicien anglais, Oliver Lodge, perfectionnait l'invention, mais c'est en 1895 que le Russe Alexandre Popov réussissait à transmettre les premiers messages en morse lors d'une transmission sans fil.

En 1895, Guglielmo Marconi synthétisait le travail de ses prédécesseurs et réussissait, après avoir déposé un brevet, des liaisons sur des distances de plus en plus longues. En 1899, il réalisait la première transmission au-dessus de la Manche ; en 1901, la première liaison transatlantique. En 1907, l'Américain Lee De Forest inventait le triode, un type de lampe qui allait donner naissance à l'électronique. Plusieurs pays revendiquent la paternité de la radio, mais comme on peut le voir, celle-ci est le fruit d'une longue recherche, impliquant des gens de nationalités différentes.

Depuis quand met-on des aliments en conserve ?

Depuis très longtemps, on sait comment conserver certains aliments, comme le poisson ou la viande, par le procédé du séchage. C'est cependant en 1810 que Nicolas Appert publie un livre qui recense tous les procédés de conservation connus et qui préconise une méthode nouvelle à laquelle on donne le nom d'appertisation. Cette méthode consiste à utiliser la chaleur pour détruire les ferments contenus dans les aliments. Peu après, de nouvelles techniques font leur apparition : l'injection de chlorure de sodium dans la viande, la conservation dans des boîtes en métal ou des bocaux en verre et la stérilisation, élaborée par Louis Pasteur. Aujourd'hui, on utilise aussi la surgélation et la déshydratation pour conserver les aliments.

Qui a fondé la ville de New York ?

En 1524, un explorateur italien travaillant pour le compte du roi de France établit un campement sur l'île de Manhattan. Comme on s'intéressait beaucoup plus aux richesses de l'Amérique du Sud, Manhattan demeura un territoire de chasse pour les Algonquins, qui vendaient les peaux à deux comptoirs établis sur l'île par les Portugais et les Français. Une centaine d'années plus tard, le gouverneur hollandais acheta l'île aux Indiens pour une somme équivalant à 24 $. Il y installa ensuite 300 colons.

En 1655, les derniers Algonquins étaient chassés de l'île. Ce sont les Anglais qui prirent la ville en 1664 et la rebaptisèrent New York, en l'honneur d'un lord anglais. Rapidement, New York devint pour les colonisateurs anglais un centre économique important pour tout le nord-est de l'Amérique.

Depuis quand les 4 × 4 existent-ils ?

Celui qui fut indirectement à l'origine du véhicule à quatre roues motrices est André Citroën, qui mit au point la traction avant dans les années 30. Rapidement, des petits constructeurs américains découvrirent qu'on pouvait associer la traction avant et la propulsion classique sur un même véhicule. Les premiers 4 × 4 furent donc des camions à usages militaire et agricole. Dès 1936, ces petites compagnies étaient absorbées par les grands de l'industrie, comme Ford et General Motors, et ces modèles étaient offerts sur le marché.

COMMENT FAIT-ON DES FEUX D'ARTIFICE ?

Les feux d'artifice sont constitués de poudre et de produits chimiques insérés dans un tube terminé par une mèche. Quand la mèche est allumée, la poudre explose et lance la pièce en l'air comme une fusée. Après le lancement, la mèche continue de brûler et met le feu au reste des ingrédients. Les couleurs obtenues dépendent des produits chimiques et des métaux utilisés. Les composés de strontium et de lithium se consument en donnant du rouge ; les composantes de baryum, du vert ; de sodium, du jaune. Les longues queues multicolores et les flammèches sont généralement obtenues par l'utilisation de particules métalliques, d'aluminium ou de charbon. Comme on peut s'en rendre compte, la manipulation des pièces pyrotechniques peut s'avérer dangereuse et des explosions se produisent parfois. Il faut donc en laisser l'utilisation à des spécialistes.

DE QUOI LES BAIGNOIRES SONT-ELLES FAITES ?

Anciennement, les baignoires étaient faites en bois. On commença ensuite à placer à l'intérieur des feuilles de métal, qui présentaient l'inconvénient d'être rugueuses et de laisser échapper l'eau. Puis, vinrent les baignoires faites en métal. Pour empêcher celles-ci de rouiller, on recouvrait l'intérieur de peinture. Malheureusement, cette peinture ne durait pas bien longtemps et parfois, elle déteignait l'eau, donnant une drôle de couleur au baigneur. Finalement, on opta pour l'émail, ce qui donna la première baignoire confortable et sans « effets secondaires ». Aujourd'hui, on en fabrique en acrylique ; celles-ci présentent l'avantage d'avoir des parois moins froides, surtout quand on décide de s'y glisser avec un bon livre !

COMMENT FAIT-ON POUR CALCULER LE NOMBRE DE CALORIES D'UN ALIMENT ?

Tous les aliments contiennent des substances dont l'homme a besoin pour vivre, croître et se reproduire. Ces substances sont les sucres, les graisses, les protéines, les fibres brutes, les substances minérales et l'eau. Les sucres et les glucides, eux, constituent les combustibles qui dégagent de l'énergie sous forme de chaleur. Cette énergie s'exprime sous forme de calories. La petite calorie est la quantité de chaleur requise pour élever de 14,5 à 15,5 °C la température d'un gramme d'eau, à la pression atmosphérique. La grande calorie (C) vaut 1 000 petites calories et c'est elle qui est utilisée pour indiquer la valeur énergétique des aliments.

QUAND LA GRANDE MURAILLE DE CHINE A-T-ELLE ÉTÉ CONSTRUITE ?

Il y a près de 3 000 ans, les rois de plusieurs petits États rivaux se partageaient le nord de la Chine. En 221 av. J.-C., l'un d'eux étendit graduellement son royaume. Il fit alors détruire toutes les fortifications défensives, sauf celles du nord, qui protégeaient son royaume des peuplades nomades d'Asie centrale. Il fit ensuite relier ces fortifications entre elles. Au gré des siècles, d'autres souverains chinois la prolongèrent. C'est sous la dynastie Ming (1368-1644) qu'elle prit la forme qu'on lui connaît aujourd'hui. À certains endroits, la muraille atteint 9 m de hauteur et 6 m de largeur. À d'autres endroits, sa largeur n'est que de 40 cm. Elle est bordée de parapets tous les 180 m et de tours de signalisation tous les 15 km, d'où on pouvait s'envoyer des signaux de fumée. Construite par des militaires, des paysans et des prisonniers condamnés aux travaux forcés, elle s'étend sur 3 200 km et c'est le seul monument terrestre qui soit visible de la Lune.

QUELS SONT LES PROCÉDÉS UTILISÉS POUR ÉVALUER L'ÂGE DES OBJETS ?

Depuis une cinquantaine d'années, les archéologues possèdent tout un arsenal pour leur permettre d'évaluer l'âge des objets. La méthode de datation par le carbone 14 date de 1955 et a valu un prix Nobel à son inventeur, l'Américain Willard F. Liby. Ce procédé s'applique aux vestiges organiques. Quand il s'agit de constructions en bois, l'étude par ordinateur des anneaux de croissance du bois permet aussi d'en donner l'âge avec précision. Une autre méthode consiste à évaluer la décomposition radioactive du potassium en argon. Cette méthode permet d'évaluer l'âge de roches sur une période de 1 300 millions d'années ! Pour la poterie, le verre et le silex, la méthode de thermoluminescence permet de déterminer l'âge d'un objet porté à une température de 300 à 600 °C avec une marge de 10 % d'erreur. La méthode de thermorémanence, basée sur la direction des ondes magnétiques de la Terre, permet aussi d'estimer l'âge d'objets en poterie.

Qu'est-ce que le Kodak Photo CD ?

Le système Photo CD de Kodak représente une révolution dans le monde de la photographie et une toute nouvelle façon de regarder vos photos. Maintenant, quand vous allez porter un film à faire développer, vous pouvez demander au laboratoire de faire graver vos photos sur disque compact. Au moyen d'un lecteur branché sur votre téléviseur, vous pouvez regarder vos photos sur le petit écran, dans l'ordre désiré. Quand vous faites développer un nouveau film, vous apportez aussi votre disque et on grave les nouvelles images à la suite des précédentes. Pour faire imprimer des photos, il vous suffit d'apporter votre disque et de mentionner le numéro des photos que vous désirez obtenir. Chaque disque peut ainsi contenir une centaine d'images, et le lecteur peut aussi servir à lire les disques audionumériques. D'ici quelques années, des centres libre-service vous permettront d'imprimer vous-mêmes vos photos en les recadrant ou en modifiant les couleurs au besoin.

Comment a-t-on réussi à déchiffrer les hiéroglyphes ?

Pendant des centaines d'années, on a essayé de comprendre la signification des hiéroglyphes sans y parvenir. Au début du XIXe siècle, la découverte de la pierre de Rosette allait permettre à Jean-François Champollion, un jeune spécialiste en langues orientales anciennes, de percer le mystère. La particularité de la pierre de Rosette est de contenir le même texte gravé trois fois, en hiéroglyphes, en démotique et en grec. Après avoir décelé certains mots clés, il réussit à reconstituer l'alphabet au complet par déduction. Ce travail lui prit 14 ans. Par la suite, il rédigea une grammaire égyptienne et un dictionnaire d'hiéroglyphes.

Sur qui Pasteur testa-t-il son vaccin contre la rage ?

Jusqu'en 1885, Louis Pasteur n'avait testé son remède que sur des animaux. Son premier cobaye humain fut Joseph Meister, un garçon de neuf ans, qui avait été attaqué par un chien enragé. Son médecin de famille, sachant que Pasteur faisait des recherches sur la rage, l'envoya à Paris. Pendant deux semaines, Pasteur lui fit administrer des injections de plus en plus concentrées puis, rongé par le doute, s'éloigna de Paris pour attendre le résultat. Il reçut enfin un télégramme lui annonçant la guérison complète du jeune garçon. Au cours de l'année qui suivit, plus de 2 500 personnes reçurent le traitement et presque toutes survécurent. Pour sa part, Joseph Meister devint plus tard concierge de l'Institut Pasteur. Il se suicida en 1940, alors que les Allemands voulaient le forcer à leur ouvrir la tombe de Pasteur.

À quoi les petits creux sur les balles de golf servent-ils ?

À l'origine, les balles de golf étaient lisses. Les golfeurs, même les plus forts, pouvaient rarement frapper la balle à plus de 65 m de distance. À la longue, à force de frapper sur une balle et de marquer celle-ci, on remarqua que la distance franchie augmentait. Aujourd'hui, grâce aux petits creux, la balle peut facilement parcourir une distance de 250 m. Cela s'explique de la façon suivante : quand la balle est en plein vol, une mince couche d'air se plaque sur le devant de la balle, avant de s'écouler tout le tour en s'éloignant. Cela produit des remous qui ralentissent la balle en lui faisant perdre de son énergie. Les creux ont la propriété de retenir l'air plus longtemps tout autour de la balle, conservant ainsi davantage d'énergie. De plus, comme la rotation de la balle se fait toujours par l'arrière, les petits creux font remonter l'air le long de la surface et augmentent ainsi la pression, poussant la balle vers le haut et la maintenant en l'air plus longtemps.

Quelle est l'origine du surf ?

Le surf, tel qu'on le connaît aujourd'hui, se pratique depuis des centaines d'années en Polynésie. C'est un sport qui est maintenant pratiqué dans toutes les régions du monde où les vagues ont une bonne amplitude, et même, depuis quelques années, dans des bassins où des vagues sont générées artificiellement. Le paradis du surf est Hawaii, où les vagues atteignent facilement 9 m de hauteur à certains moments de l'année et où se déroulent les plus prestigieuses compétitions. À Hawaii, la légende dit qu'à l'origine, les compétitions de surf étaient réservées à ceux qui prétendaient au trône. Naturellement, la technologie des planches a beaucoup évolué depuis cette époque. Aujourd'hui, les planches sont faites de matériaux synthétiques, mesurent près de 2 m et pèsent moins de 3 kg.

QUAND LE CANAL DE PANAMA FUT-IL INAUGURÉ ?

Le 7 juin 1914, un premier paquebot américain, l'Alliance, traverse le canal de Panama, concrétisant ainsi l'ouverture du canal. Grâce à celui-ci, le trajet New York-Japon se trouvait réduit de plus de 7 000 milles marins. Les travaux avaient débuté en 1879 sous la direction de l'ingénieur français Ferdinand de Lesseps. Après sa faillite, en 1889, les Américains avaient racheté les droits de construction. Le canal est long de 79,6 km et sa largeur varie de 90 m à 300 m. Trois écluses doubles compensent pour la dénivellation de 26 m qu'il y a entre les deux océans.

QUAND L'ARMÉE DU SALUT FUT-ELLE FONDÉE ?

L'Armée du Salut fut fondée par William Booth, un pasteur anglais de l'Église méthodiste, en 1878. Booth avait passé son enfance et son adolescence dans un quartier très pauvre de Nottingham. À la tête d'une mission chrétienne depuis 1865, c'est en 1878 qu'il transforma celle-ci en quartier général de l'Armée du Salut. Cette dernière fonctionnait selon une hiérarchie basée sur le modèle de l'armée anglaise et visait à promouvoir la pratique des vertus chrétiennes par le biais d'œuvres de bienfaisance.

QUAND LA PREMIÈRE BANDE DESSINÉE FUT-ELLE PUBLIÉE ?

Le premier précurseur de la bande dessinée fut Rodolphe Töpffer, un Français, qui publia en 1827 *Les Amours de monsieur Vieux-Bois*. En fait, il s'agissait d'illustrations qui intégraient du texte dans des ballons. En 1889, *Le Petit Illustré*, un journal français, commençait à publier un feuilleton se présentant sous forme de bandes et racontant les aventures de *La Famille Fenouillard*. Mais la première bande dessinée qui connut beaucoup de succès fut *Les Pieds Nickelés* de Louis Forton qui donna ses lettres de noblesse à ce nouveau mode d'expression, en 1908.

À QUAND LE PREMIER MÉTRO REMONTE-T-IL ?

Le premier métro a été inauguré à Londres le 10 janvier 1863. En fait, il s'agissait d'une ligne ferroviaire souterraine, puisque les wagons étaient tirés par une locomotive fonctionnant à vapeur. Cette ligne faisait 6 km de long et dès la première année, plus de neuf millions de passagers l'ont utilisée... malgré les problèmes d'aération.

COMMENT LES BÂTONS D'ENCENS SONT-ILS FABRIQUÉS ?

Le bâton d'encens est constitué d'une petite tige de bambou qui a été badigeonnée d'une pâte composée de plusieurs éléments. Il s'agit surtout de résines d'arbres, de sciures de bois odoriférant, d'huiles végétales et d'herbes aromatiques, le tout dans des proportions qui donnent à chaque encens son odeur caractéristique.

POURQUOI LES CAMIONS AMÉRICAINS SONT-ILS PLUS GROS QUE LES CAMIONS EUROPÉENS ?

La différence de design entre les camions américains et français est surtout due aux distances que ceux-ci doivent parcourir. Alors que les distances sont beaucoup plus courtes entre les grands centres européens, il faut se rappeler qu'une livraison New York-Los Angeles peut prendre jusqu'à trois jours et trois nuits. De plus, pour minimiser le nombre de voyages, on élabora des camions de plus en plus gros. Aujourd'hui, on trouve même à l'arrière de la cabine du chauffeur un habitacle confortable où il peut dormir, manger et même regarder la télévision. Pas de frais d'hôtel, moins de perte de temps, donc rentabilité accrue.

EST-IL VRAI QU'IL EXISTE DES PÉTROLIERS À VOILES ?

Ce sont les Japonais qui ont eu l'idée de fabriquer des pétroliers à voiles. Le premier est sorti du chantier naval en 1979. La voilure est répartie sur trois mâts, mais, contrairement aux voiles conventionnelles, celle-ci est faite d'une matière plastique rigide et est réglée par ordinateur. Ces pétroliers sont aussi dotés d'un moteur diesel qui leur permet de naviguer par journée sans vent. Ce mode de propulsion hybride permet d'économiser l'énergie et de réduire les coûts de transport. Compte tenu que ce système n'a été essayé jusqu'à ce jour que sur des petits navires, sa rentabilité n'est pas encore assurée, mais l'expérience pilote se poursuit.

QU'EST-CE QU'UN RADAR ?

Le mot est tiré de l'anglais *RAdio Detection And Ranging*. Il s'agit d'un appareil de radiorepérage fonctionnant de façon très simple. Il émet des ondes radioélectriques qui voyagent à la vitesse de la lumière. Quand ces ondes frappent un obstacle, elles reviennent vers un détecteur qui peut alors évaluer la distance de l'objet. Il ne serait plus concevable aujourd'hui qu'un avion ou un navire n'utilise pas le radar, tout comme la tour de contrôle d'un aéroport. La chauve-souris utilise un système naturel de navigation très semblable pour se déplacer dans la nuit sans entrer en collision avec des obstacles.

COMMENT FRANCHIT-ON LE MUR DU SON ?

Le son se déplace dans l'air à la vitesse de 1 200 km/h. Quand on dit d'un avion qu'il brise ou franchit le mur du son, cela signifie qu'il atteint cette vitesse. Lorsque cela se produit, c'est parce que des ondes de choc s'accumulent devant lui et entrent en résonance. Si cela arrive trop près du sol, on entend alors un bang violent et les vibrations peuvent faire trembler — ou même casser — des fenêtres.

QUELLE EST L'ORIGINE DES ARMOIRIES ?

L'origine des armoiries remonte aux Croisades et leur usage a été emprunté aux Arabes. Chaque seigneur affichait son symbole sur son bouclier ou sur une bannière. De cette façon, les soldats qui combattaient avec lui pouvaient ainsi se regrouper plus facilement. Aujourd'hui, les familles nobles ont encore leurs armoiries, souvent vestiges d'un passé glorieux. Mais cette tradition s'est aussi transmise, faisant en sorte qu'aujourd'hui, pays, provinces et villes ont aussi les leurs.

Qu'est-ce que le laser ?

Ce sigle vient de l'anglais *Light Amplification by Stimulated Emission of Radiation* (amplification de la lumière par émission de radiation stimulée). Il s'agit d'un faisceau lumineux complexe, très concentré, riche en énergie et en chaleur. Ses applications sont multiples, dans une multitude de domaines. En chirurgie, il est de plus en plus utilisé pour détruire des cellules malades sans toucher aux cellules saines. Il peut transporter des signaux sonores ou visuels sur de très grandes distances, tout comme il peut transpercer les solides les plus durs.

À quand remonte la naissance des Jeux olympiques ?

La naissance des Jeux olympiques remonte à 776 ans avant Jésus-Christ. Ils tiennent leur nom du fait qu'ils étaient disputés en Grèce, plus précisément près de la ville d'Olympie. Ces jeux eurent lieu tous les quatre ans pendant une longue période de temps, puis la tradition fut abandonnée. C'est un Français, Pierre de Coubertin, aussi connu sous le nom du « père de l'olympisme moderne », qui réussit à relancer la tradition en 1896. Ce retour s'effectua « aux sources », puisque les premiers Jeux olympiques modernes furent tenus à Athènes, en Grèce.

Comment un thermos peut-il conserver la soupe chaude et l'eau fraîche ?

La bouteille Thermos tient son nom d'une marque de bouteille isolante et a la particularité de pouvoir maintenir longtemps son contenu à une température uniforme. En fait, il s'agit d'une bouteille à l'intérieur d'une bouteille et on a fait le vide entre les deux parois. Ce principe permet d'éviter la déperdition de chaleur. De plus, les parois sont argentées, ce qui permet d'éviter le rayonnement. De cette façon, ce qui est froid le reste, tout comme ce qui est chaud.

Pourquoi y a-t-il sept jours dans une semaine ?

Ce sont les Chaldéens qui ont inventé le concept de la semaine de sept jours, à partir des mouvements observables de la Lune. Les Hébreux ont ensuite adopté l'idée, l'associant à la création du monde, qui, selon eux, se serait faite en six jours, le septième, Dieu s'étant reposé. Les Romains imposèrent cette division du temps de façon définitive et donnèrent aux jours les noms que nous connaissons.

Pourquoi un sous-marin peut-il s'enfoncer dans l'eau ?

A priori, un sous-marin flotte, tout comme un bateau. Par contre, le sous-marin est doté de ballasts. Quand il doit plonger, on laisse ces ballasts se remplir d'eau. Le sous-marin devient alors plus lourd que l'eau et il s'enfonce. Pour le faire remonter, on utilise de l'air comprimé pour chasser cette eau des ballasts. À mesure que ceux-ci se remplissent d'air, le poids du sous-marin devient graduellement inférieur à la poussée de l'eau et il remonte vers la surface.

Qu'est-ce qui fait sauter le bouchon d'une bouteille de champagne ?

Le champagne étant un vin mousseux, il est mis en bouteille avant la fin de la fermentation. Celle-ci se continue à l'intérieur de la bouteille en produisant du gaz carbonique. C'est pour cette raison que la bouteille de champagne est en verre épais et que le bouchon est retenu par un treillis métallique. Dès qu'on commence à pousser sur le bouchon, la pression intérieure se charge du reste et expulse violemment celui-ci, ainsi qu'une mousse abondante.

Pourquoi est-il plus difficile d'ouvrir portes et fenêtres certaines journées ?

On parle ici naturellement de portes et de fenêtres en bois. Comme le bois est poreux, l'eau peut y pénétrer par temps très humide. Il prend donc du volume, augmentant du coup le frottement entre le châssis et les dormants. Il est donc tout à fait normal que l'ouverture des portes et fenêtres se fasse plus facilement par temps sec.

POURQUOI LES MAISONS CRAQUENT-ELLES LA NUIT ?

Le bois est un matériau sensible aux variations de température et d'humidité. Comme il fait plus froid la nuit, le bois se contracte et des craquements en résultent. De plus, ces bruits sont plus perceptibles la nuit, quand tout est plus calme.

À QUOI SERT UNE CAVE SOUS UNE MAISON ?

En plus de pouvoir y entreposer des objets encombrants ou des denrées alimentaires qui doivent être maintenues au frais, la cave a d'autres fonctions moins évidentes. Elle assure l'aération sous la maison, la protégeant ainsi de l'humidité. De plus, une bonne cave en ciment évite le tassement du sol sous le poids de la maison.

À QUOI SERT LA CLÉ SUR LE TUYAU D'UN POÊLE À BOIS ?

Pour se consumer, le bois a absolument besoin d'oxygène. Cette clé contrôle un obturateur qui, selon sa position, laissera entrer plus ou moins d'air. Cet obturateur ne peut cependant pas être complètement fermé, puisqu'il doit aussi laisser échapper les gaz toxiques qui risqueraient de se répandre dans la pièce.

POURQUOI UN VERRE PEUT-IL CASSER SI ON Y VERSE DE L'EAU BOUILLANTE ?

Le verre n'est pas un bon conducteur de chaleur. Par conséquent, quand on y verse de l'eau bouillante, l'intérieur du verre commence à se dilater beaucoup plus rapidement que l'extérieur. Cela peut entraîner des fêlures ou même une rupture.

POURQUOI LES ALIMENTS SE CONSERVENT-ILS AU FRIGO ?

Les aliments se décomposent au contact des ferments et des microbes contenus dans l'air. Ces mêmes ferments et microbes se développent beaucoup moins rapidement au froid. Comme la température dans le frigo se situe généralement entre 0 °C et 4 °C, les aliments peuvent rester sains plus longtemps.

Pourquoi le pain durcit-il ?

À la sortie du four, le pain contient toujours une partie d'eau, ce qui lui donne son élasticité. Si le pain n'est pas conservé dans un emballage hermétique, cette eau va s'évaporer lentement, faisant ainsi sécher et durcir le pain. En France, les bergers enveloppent leur pain dans un linge humide pour le conserver frais plus longtemps.

Comment peut-on faire chanter des verres ?

Les verres fins sont composés de cristal. Ce matériau vibre très facilement, au moindre toucher. Si les vibrations sont fréquentes et très rapprochées, elles émettent un son, un peu comme le ferait la corde d'un violon. La fréquence du son variera en fonction de l'épaisseur du verre, de sa forme, ou de la quantité de liquide qu'il contient. Ainsi, plusieurs verres identiques, disposés les uns à la suite des autres et contenant des quantités différentes de liquide, pourront donner toutes les notes de la gamme.

Quelle est l'origine de la canne blanche pour les aveugles ?

En France, en 1931, une philanthrope proposa que les personnes aveugles bénéficient d'un signe distinctif qui les ferait reconnaître facilement. L'idée eut tellement de succès que la canne blanche s'est imposée à peu près partout dans le monde. Pratique pour la personne qui l'utilise, elle est devenue un symbole universel.

Comment un sonar fonctionne-t-il ?

Le mot vient de l'anglais *SOund NAvigation Ranging*. Fonctionnant sur le même principe que le radar, il émet des ultrasons qui lui reviennent quand ils frappent un obstacle. Tenant compte de la rapidité et de la force du retour, il peut alors évaluer la distance et la grosseur des objets. Un navire peut ainsi détecter un sous-marin en plongée. Un chalutier peut détecter un banc de poissons, ou tout simplement la profondeur du fond.

Quelle est la différence entre un menhir et un dolmen ?

Menhirs et dolmens se retrouvent surtout en Bretagne, dans l'ouest de la France. Un menhir est un gros bloc de rocher planté en terre, un peu à la manière d'un monument. On les trouve surtout en Bretagne et les plus gros peuvent atteindre 20 m de haut. Parfois, on les disposait en cercle. Ce type de configuration s'appelle un cromlech et le plus imposant est celui de Carnac, où plus de 1 000 menhirs sont alignés sur 1 km de longueur et sur 100 m de largeur. On croit que ces ensembles étaient dédiés aux dieux.

Le dolmen, pour sa part, est constitué d'un rocher plat, reposant sur plusieurs pierres levées. Sous ceux-ci, les archéologues ont retrouvé des ustensiles domestiques, des outils, des armes et des ossements, laissant croire que c'étaient des sites funéraires. Avec le temps, beaucoup de dolmens se sont transformés en buttes ou sont maintenant enfouis sous la terre.

Quelle est l'origine du marathon ?

En 490 avant Jésus-Christ, les Perses voulurent envahir la Grèce. Ils débarquèrent sur la côte de Marathon où ils subirent la défaite. Les Perses reprirent leurs bateaux et mirent les voiles sur Athènes. Le commandant de l'armée grecque chargea alors un de ses soldats, Philippidès, de courir jusqu'à Athènes pour les prévenir du danger. Le brave soldat courut les 42 km séparant Marathon d'Athènes sans s'arrêter un instant. Il réussit à transmettre son message avant de s'écrouler, mort d'épuisement.

En souvenir de cet exploit, le marathon est couru tous les quatre ans, lors des Jeux olympiques. De nombreuses villes à travers le monde, dont Montréal, tiennent aussi leur marathon annuel.

Qu'est-ce qui produit l'écho ?

Un peu à la manière d'un miroir réfléchissant une image, l'écho est causé lorsqu'une onde sonore rencontre un mur ou une formation rocheuse et revient vers sa source. En raison de la façon dont le son se propage dans l'air, l'obstacle doit être situé à une distance supérieure à 17 m pour qu'il y ait écho.

Quelles sont les causes du mal de mer ?

Sur un bateau secoué par des vagues, l'oreille interne, où se trouve le centre de l'équilibre, réagit mal et devient irritée, créant une impression de vertige. Par ailleurs, nos organes internes subissent aussi les contrecoups de ces mouvements peu habituels et cela peut aisément causer des nausées. Ce type de désarroi de l'organisme serait encore augmenté chez les sujets plus émotifs. Les sourds-muets et les enfants en bas âge sont très peu affectés par le mal de mer.

Comment évalue-t-on l'âge par le carbone 14 ?

Le carbone est une des composantes essentielles de tout être vivant. On sait que la masse du carbone est 12 et on sait aussi qu'une partie de ses atomes, de masse 14, sont radioactifs et se désagrègent lentement. Leur durée de vie est de 5 600 ans. Sur 1 000 atomes, il n'en restera que 500 après 5 600 ans, 250 après 11 200 ans, et ainsi de suite, jusqu'à ce qu'il ne soit plus possible de mesurer. On utilise un compteur Geiger pour mesurer le taux de désintégration et on peut ainsi estimer l'âge d'un spécimen avec un taux d'erreur d'environ 2 %.

Qu'est-ce que la révolution industrielle ?

La révolution industrielle débuta en Angleterre en 1750 et fut alimentée par une foule de nouvelles inventions qui modifièrent les façons de travailler dans de nombreuses industries. Les machines commencèrent à faire leur apparition et l'organisation industrielle fut complètement chambardée. Cela entraîna d'importants changements dans l'ordre social et modifia les modes de vie à un point tel qu'on peut comparer la révolution industrielle à une révolution politique.

À quand les premières routes remontent-elles ?

De tout temps, les hommes se sont fait des chemins pour leur permettre de se déplacer, mais les Romains ont été les premiers à se rendre compte de l'importance de construire des voies carrossables, solides et aménagées. On considère qu'ils ont construit 80 000 km (50 000 mi) entre l'an 300 av. J.-C. et l'an 400 de notre ère, dont un fort pourcentage de routes pavées. Cela facilitait les déplacements de l'armée à l'intérieur de l'empire et favorisait le commerce. Ce fut le plus grand réseau routier du monde jusqu'au XXe siècle. Les routes étaient construites par des militaires ou par des esclaves. Leur largeur était d'environ 5 m (15 pi), permettant à deux charrettes de se croiser, et des fossés d'écoulement les bordaient. Aux beaux jours de l'Empire romain, un voyageur pouvait utiliser le réseau routier du nord de l'Écosse jusqu'au sud de l'Italie. La plus célèbre de ces routes, la voie Appienne, construite en 312 av. J.-C., est encore partiellement utilisée aujourd'hui.

COMMENT MESURAIT-ON AVANT L'ARRIVÉE DU SYSTÈME MÉTRIQUE ?

Un savant anglais, lord Kelvin, disait que l'on ne pouvait pas réellement connaître quelque chose tant que l'on ne l'avait pas mesuré ou comparé à une autre. Il résumait ainsi la tendance instinctive que l'homme avait toujours eue à décrire les objets ou les distances en utilisant des unités de mesure. À l'origine, on utilisait des parties du corps humain pour mesurer les choses : doigts, main, bras, jambes. On évaluait les distances en pas. D'ailleurs, plusieurs de ces unités de mesure se sont transmises jusqu'à aujourd'hui. Dans certains systèmes, on parle encore de pouces et de pieds, de paumes et de coudées. Le système métrique fit son apparition lors de la Révolution française et se répandit graduellement dans le monde. On estime aujourd'hui que 75 % de la population mondiale utilise ce système.

L'ALCHIMIE EST-ELLE UNE SCIENCE ?

L'alchimie a pris naissance en Égypte, environ 200 ans av. J.-C., et semble prendre racine dans des méthodes artisanales de traitement de métaux, de fabrication de médicaments ou de cosmétiques, de teinture de tissus. À cela se mêlèrent des éléments de philosophie, de religion et de magie. Les premiers alchimistes se disaient descendants de dieux et prétendaient pouvoir fabriquer de l'or. En réalité, aucun de ceux-ci ne réussit jamais à fabriquer de l'or. Par contre, ils ont légué des inventions et des découvertes qui furent très utiles dans les arts et l'industrie : alambic, bain-marie, des acides, des bases et des sels.

Qu'est-ce que la fièvre de l'or ?

De tout temps, l'or a été considéré comme le roi des métaux. Rare, brillant, inaltérable, il est aussi très malléable : on peut en faire de la monnaie ou des bijoux ; on peut le battre en feuilles très minces ou l'étirer en fils très fins. Dans le passé, il est arrivé que l'on en trouve à l'état pur, sous forme de pépites ou de paillettes, dans le lit sablonneux d'une rivière ou d'un ruisseau, comme ce fut le cas au Klondike, en 1896. Dès que la nouvelle se répandit, des milliers de prospecteurs envahirent la région. L'idée de faire fortune quasi instantanément en tamisant le sable du fond d'un ruisseau a de quoi enfiévrer les esprits ! La population de Dawson City grimpa à 25 000 habitants en deux ans. En huit ans d'exploitation, les ruisseaux fournirent pour plus de 100 000 000 $ d'or fin. À mesure que la quantité d'or diminuait, les prospecteurs repartaient et Dawson City se transforma en ville fantôme, après un accès de fièvre de courte durée.

Comment un paratonnerre fonctionne-t-il ?

Inventé par Benjamin Franklin, le paratonnerre est constitué d'une tige métallique qui est placée sur la partie la plus haute d'un édifice et qui est pointée vers le ciel. Cette tige est reliée à une grosse plaque métallique enfouie dans le sol par le biais d'un fil qui sert de conducteur. Quand la foudre frappe, elle touche la tige, descend le fil pour aller se perdre dans le sol. Il est à remarquer que les édifices à ossature d'acier offrent la même protection, naturellement.

Pourquoi la neige absorbe-t-elle le son ?

Vous avez déjà marché dans un bois après une abondante chute de neige ? Le son y est feutré, comme atténué. En fait, c'est exactement ce qui se produit. Comme la neige est une substance poreuse, le son pénètre dans celle-ci et y reste emprisonné.

Qu'est-ce qu'un décibel ?

Le décibel représente l'unité de mesure de l'intensité d'un son. L'échelle des décibels s'étend de 0 à 130. Le point 0 représente le son le plus faible qui puisse être perçu sans aide par l'oreille humaine. À 120 décibels, les sons sont perçus, mais le niveau est tel que cela engendre des douleurs. Quand le volcan Krakatoa explosa, en 1883, les savants estiment que le niveau sonore de l'explosion fut de 190 décibels, se basant sur le fait qu'elle fut entendue à 3 000 milles de distance.

Voici une liste de sons mesurables :

- 15 décibels : les battements du cœur ;
- 18 décibels : le bruissement des feuilles ;
- 25 décibels : la respiration humaine ;
- 30 décibels : une page de journal que l'on tourne ;
- 35 décibels : le ronronnement d'un chat ;
- 40 décibels : le bruit d'une machine à écrire ;
- 65 décibels : une conversation entre trois personnes, les aboiements d'un chien ;
- 75 décibels : le son d'un piano, les bruits d'une rue de moyenne importance ;
- 85 décibels : un cri humain ;
- 90 décibels : le moteur d'un camion ;
- 95 décibels : le rugissement d'un lion, les chutes Niagara ;
- 105 décibels : une rue bruyante du centre-ville ;
- 110 décibels : un violent coup de tonnerre ;
- 105 décibels : un train à pleine vitesse ;
- 120 décibels : un avion à réaction au sol.

QUEL EST LE PLUS VIEIL INSTRUMENT DE MUSIQUE ?

Le plus vieil instrument de musique connu est... la voix humaine. C'est aussi le plus souple, celui qui peut exprimer le plus de sentiments grâce à la gamme étendue de ses timbres. Les principes de base de la voix sont les suivants : une poussée d'air vient des poumons et passe par la trachée-artère. Quand celle-ci se resserre, elle force l'air à passer par la glotte. De chaque côté de la glotte se trouvent des membranes élastiques qui vibrent ; ce sont les cordes vocales. Plus celles-ci sont tendues, plus les sons sont élevés. Pour ce qui est du timbre, celui-ci est déterminé par un ensemble d'organes qui agissent comme des résonateurs. La respiration, la trachée-artère, la gorge, le palais, la position de la langue et celle des lèvres sont autant d'éléments qui viennent influer sur le timbre. On dit qu'une voix est « bien placée » quand quelqu'un est en mesure d'utiliser tous ces éléments en conjonction pour produire des sons justes.

À QUOI SERVENT LES FUSIBLES ?

Si vous deviez brancher tous les appareils électriques d'une maison en même temps, il y a des risques que les circuits soient surchargés. La chaleur alors produite risquerait de mettre le feu... si ce n'était de la présence du fusible. Celui-ci n'est qu'un bout de fil de métal. Logé dans un contenant de porcelaine qui se visse, le fusible a un point de fusion assez bas. Quand les circuits électriques surchauffent, le fil de métal fond et interrompt le passage des électrons. Quand on dit que les fusibles « ont sauté », on parle généralement d'un seul fusible. Advenant le cas où un fusible devrait être fréquemment remplacé, il serait sage de faire vérifier le circuit électrique.

COMMENT FUT INVENTÉ LE PLASTIQUE ?

Comme bien d'autres inventions, le premier plastique synthétique a été découvert par accident. Deux hommes d'affaires américains organisèrent en 1868 un concours doté d'une bourse de 10 000 $ à qui découvrirait une substance pour remplacer l'ivoire dans la fabrication des boules de billard. Parmi les participants au concours, il y avait les deux frères Hyatt. Ceux-ci se mirent au travail et réussirent à produire une matière plastique à laquelle ils donnèrent le nom de Celluloïd. Très malléable, on pouvait en faire à peu près n'importe quoi, mais malheureusement pas des boules de billard. Heureusement pour eux, ils réussirent à trouver d'autres utilisations, dont la fabrication de pellicule photographique, de dentiers et quantité d'autres produits. Ce fut le premier plastique fabriqué de façon industrielle.

QUI FURENT LES PREMIERS HOMMES À VOLER ?

Depuis l'Antiquité, les hommes avaient rêvé de voler comme les oiseaux. C'est finalement le 15 octobre 1783 que Joseph et Étienne Montgolfier, accompagnés de Pilâtre de Rozier, réussirent un premier vol de cinq minutes dans la nacelle d'un ballon rempli d'air chaud et retenu au sol par un câble. Un mois plus tard, le même Pilâtre de Rozier réussissait le premier vol libre dans une montgolfière. Il parcourut près de 9,6 km en 25 minutes et atteignit l'incroyable altitude de... 90 m .

QUEL EST LE PLUS HAUT GRATTE-CIEL ?

Le plus haut gratte-ciel est la tour Sears, de Chicago, achevée de construire en 1973. Incluant ses deux antennes de télé, sa hauteur est de 520 m. Avant sa mort, Frank Lloyd Wright, le célèbre architecte américain, travaillait sur un projet de gratte-ciel dont la base aurait couvert une superficie égale à Central Park. Selon ses calculs, une telle tour aurait pu abriter plus de dix millions de personnes !

QUELLE DIFFÉRENCE Y A-T-IL ENTRE LE JUDO ET LE KARATÉ ?

Le judo est un sport de combat relativement moderne, issu d'un ensemble de sports de combat traditionnels japonais, dont le jiu-jitsu. Le karaté, pour sa part, est basé sur des techniques de boxe traditionnelle chinoise et a été importé au Japon en 1920.

COMBIEN Y A-T-IL DE GRADES AU JUDO ?

Au judo, les grades portent le nom de dan auxquels sont rattachées des couleurs de ceinture. Théoriquement, un judoka peut, au gré de son expérience et de ses habiletés, accéder jusqu'à un 13e dan. Pour donner une idée des qualités requises pour y arriver, mentionnons que dans l'histoire du judo, seulement treize hommes se sont vus attribuer le 10e dan. À ce jour, un seul homme, le Dr Jigoro Kano, celui qui a créé et vraiment fait connaître le judo, s'est vu attribuer le 12e dan.

QUELLE FUT LA GUERRE LA PLUS MEURTRIÈRE ?

La Deuxième Guerre mondiale revendique ce triste honneur, puisqu'on estime à près de 55 millions le nombre de victimes qu'elle fit, tant chez les civils que chez les militaires. La seule bataille de Stalingrad, en Russie, coûta la vie de 2,1 millions de personnes. Le coût total de cette guerre est estimé à 1 500 milliards de dollars.

Qu'est-ce que le prix Nobel ?

Alfred Nobel était un industriel et chimiste suédois. Spécialiste en explosifs, on lui doit l'invention de la dynamite. Très riche, il laissa par voie de testament une somme d'argent considérable pour la mise sur pied d'une fondation. Depuis 1901, celle-ci décerne des prix à chaque année à des personnes qui se sont particulièrement illustrées dans les domaines suivants : chimie, physique, littérature, médecine et paix. Il n'y eut qu'une interruption en 1940, 1941 et 1942, au plus fort de la Deuxième Guerre mondiale. Ces prix sont décernés sans distinction de nationalité.

En quelle année la grippe espagnole a-t-elle sévi ?

La grippe espagnole est le quatrième pire fléau à avoir frappé l'humanité, causant plus de 20 millions de décès. Très contagieuse, elle a sévi en 1918 et 1919 et s'est répandue très rapidement partout dans le monde.

Pourquoi bâille-t-on ?

On bâille généralement quand on digère mal, quand on s'ennuie ou quand on a sommeil. Lors du bâillement, on aspire une grande quantité d'air. Selon toute vraisemblance, cela favorise l'oxygénation du sang et fait l'effet d'un coup de fouet sur l'organisme.

À quand remonte l'utilisation du crayon ?

Le crayon a fait son apparition au milieu du XVIe siècle. La mine d'un crayon est faite de graphite — un dérivé du carbone — et d'argile, auxquels on ajoute du kaolin pur, selon la consistance qu'on désire obtenir. Plus la mine contient d'argile, plus elle est dure. Plus elle contient de kaolin, plus elle est tendre. Quand la mine frotte sur le papier, elle laisse un résidu noir, plus ou moins gras, selon la dureté de la mine. L'enveloppe du crayon est faite de bois tendre, de façon à être facilement taillée, à mesure que la mine s'use. Ceux qui ont la manie de mâchouiller leurs crayons auront le plaisir d'apprendre que ceux-ci sont enduits d'une laque non toxique.

En passant, le terme « crayon de plomb », qu'on entend encore aujourd'hui, est impropre. Il subsiste probablement de l'époque où on utilisait des bâtonnets de plomb pour écrire.

COMMENT FONCTIONNE UN STYLO À BILLE ?

Le stylo à bille fut commercialisé en 1944 par Georg et Ladislao Biro. Comme son nom le laisse entendre, la partie la plus importante d'un stylo est la bille, même si celle-ci dépasse rarement 1 mm de diamètre. Faite d'acier doux ou inoxydable, elle est encastrée dans un embout qui lui permet de rouler sans contrainte dans tous les sens. Cet embout est replié sur les bords pour maintenir la bille en place. De petits canaux relient le réservoir à la bille et assurent ainsi une distribution uniforme d'encre. Généralement, on utilise des encres à séchage rapide et on estime qu'un bon stylo à bille peut assurer environ 3,5 km d'écriture. De quoi noircir une bonne quantité de pages !

POURQUOI FAUT-IL TOUJOURS BIEN FERMER UN POT DE COLLE ?

La majorité des super-colles fabriquées aujourd'hui sont synthétiques et contiennent un produit stabilisant qui leur permet de garder leur état liquide tant qu'elles restent à l'intérieur du contenant. C'est généralement l'humidité qui neutralise l'effet de ce stabilisant. Comme l'air contient toujours une part d'humidité, le contenu d'un pot de colle mal fermé va se polymériser — ou « figer » — et deviendra rapidement inutilisable. Au fait, il faut se rappeler que la peau contient aussi de l'humidité. La prochaine fois que vous collerez quelque chose, faites attention de ne pas y coller vos doigts...

COMMENT FUT INVENTÉ LE PAPILLON ADHÉSIF ?

Comme bien d'autres inventions, le papillon adhésif — connu sous son nom commercial de Post-it — est dû à un incident de parcours. En 1968, la compagnie américaine 3M faisait des recherches sur des colles de plus en plus performantes. Un des adhésifs qu'elle développa alors s'avéra être un échec monumental. Que faire d'une colle qui ne réussit même pas à retenir solidement deux feuilles de papier ? Un employé de la compagnie commença à utiliser ces bouts de papier pour marquer les pages de ses livres et découvrit qu'ils pouvaient être réutilisés plusieurs fois. À force d'acharnement, il finit par convaincre sa compagnie de la valeur de cette découverte. Douze ans plus tard, le Post-it était commercialisé, la faiblesse de son adhésif étant devenue sa force.

Comment fonctionne le Velcro ?

Une fermeture Velcro est composée de deux parties. Quand on les presse l'une sur l'autre, les crochets d'une des surfaces viennent agripper les boucles de l'autre. Sur un morceau de Velcro de la grosseur d'une pièce de 10 cents, il y a jusqu'à 750 crochets sur un côté et jusqu'à 12 500 boucles sur l'autre. Bien qu'elles soient assez faciles à décrocher lorsqu'on tire dessus, sa force réside dans sa résistance aux mouvements latéraux, puisqu'un morceau de Velcro de 12 cm^2 peut supporter un poids d'une tonne. Crochets et boucles sont résistants et peuvent s'accrocher et se décrocher plusieurs milliers de fois. On n'utilise pas le Velcro uniquement dans l'industrie du vêtement. On a aussi trouvé des applications dans le domaine de la médecine et de l'exploration spatiale. Dans le premier cas, on l'utilise pour fixer en place les pompes à l'intérieur du cœur artificiel Jarvik ; dans le second cas, on s'en sert pour tenir en place des objets et de l'équipement, lors de vols dans la navette spatiale.

Les ascenseurs des gratte-ciel peuvent-ils être dangereux ?

Non seulement les ascenseurs sont sûrs, mais leur développement a contribué pour une bonne part à la construction d'édifices de plus en plus hauts. L'ascenseur moderne revient à un architecte américain, Elisha Graves Otis. En 1854, il présenta pour la première fois un prototype d'ascenseur parfaitement sécuritaire. Dans l'éventualité où le câble de celui-ci se briserait, des cliquets montés sur un dispositif à ressort viendraient automatiquement s'engager dans les dents d'une crémaillère, située dans les rails de l'ascenseur, immobilisant alors celui-ci. Le premier de ces ascenseurs a été installé dans un magasin de

New York, en 1857. Avouez que les « écrasements d'ascenseur » sont beaucoup plus rares que les écrasements d'avion !

POURQUOI LE GAZ NATUREL SENT-IL AUSSI MAUVAIS ?

En réalité, le gaz naturel est tout à fait inodore. C'est d'ailleurs ce qui pourrait le rendre dangereux, puisqu'une fuite pourrait se produire sans qu'on s'en rende compte. Pour contourner ce problème, les distributeurs de gaz naturel ont dû développer un parfum puissant qui devait être immédiatement reconnaissable, qui ne soit pas absorbable par le sol, qui soit inoffensif pour l'homme et qui ne soit pas corrosif. Dans un réseau souterrain de distribution de gaz, des appareils renifleurs très sensibles s'assurent qu'il n'y a pas de fuite. Si vous avez un système alimenté par le gaz naturel et qu'il vous arrive de sentir une forte odeur de gaz, avisez immédiatement la compagnie distributrice.

QU'EST-CE QU'UNE ALLUMETTE DE SÛRETÉ ?

On parle d'une allumette de sûreté par opposition à une allumette dite « de ménage ». Ces dernières existent depuis 1827, mais, à l'origine, elles n'étaient pas très fiables. En 1830, un Français, Charles Sauria, inventa une allumette de ménage dont le bout était enduit de phosphore blanc, et qui émettait une vapeur très toxique. Cette allumette, baptisée Lucifer, fonctionnait bien, mais les ouvriers impliqués dans sa fabrication connaissaient de sérieux problèmes de santé. En 1855, Johann Lundstrom modifia le procédé en remplaçant le phosphore blanc par du phosphore rouge non toxique. Comme l'allumette de ménage pouvait s'allumer par simple frottement sur n'importe quelle surface, il eut l'ingénieuse idée de séparer le phosphore des autres combustibles. Les allumettes de sûreté ne s'enflamment donc que si on les gratte sur le frottoir qui est situé sur le côté de la boîte. En effet, ce frottoir contient une partie des composantes chimiques nécessaires pour faire flamber la tête de l'allumette.

Pourquoi la cuisson est-elle plus rapide dans un autocuiseur ?

L'autocuiseur est une sorte de marmite fermée hermétiquement de façon à retenir la vapeur. Cela permet d'amener la pression atmosphérique à un niveau deux fois plus élevé que celui de l'air. Alors que dans un récipient ordinaire l'eau atteint son point d'ébullition à 100 °C, dans un autocuiseur l'eau bout à 122 °C. Ainsi, des pommes de terre, qui prendraient vingt minutes à cuire dans une casserole conventionnelle, seront prêtes en seulement quatre à cinq minutes, puisqu'elles seront cuites à une température substantiellement plus élevée.

Le sérum de vérité existe-t-il ?

Dans les années 50, pendant la guerre de Corée, les Américains s'inquiétaient des techniques de lavage de cerveau utilisées par les Nord-Coréens et les Chinois. On commença alors à travailler sur un sérum de vérité, dans le but d'apprendre aux pilotes américains à résister à diverses techniques de lavage de cerveau utilisées. Au cours de ces recherches, on découvrit que la drogue Penthotal avait des propriétés intéressantes. On commence par rendre le sujet inconscient en lui administrant une forte dose de Penthotal. On le réanime ensuite avec un stimulant, la Benzédrine. Grâce à des techniques basées sur l'hypnose, on peut alors modifier la perception du sujet, qui se mettra à parler tout aussi librement que s'il s'adressait à son meilleur ami.

Qu'est-ce que le clonage ?

Le clonage est une technique de plus en plus répandue, grâce à laquelle on prélève des cellules d'un organisme unique — plante ou animal — pour en produire des copies parfaites. Une plante clonée peut ainsi donner des centaines ou des milliers de plants identiques, qui pousseront à la même vitesse et qui auront les mêmes qualités. Chez les animaux — les vaches, par exemple —, on pourrait ainsi créer de nouvelles races, où toutes les représentantes seraient identiques, donneraient le même lait et dont la viande aurait le même goût. Le bétail pourrait ainsi être « amélioré » beaucoup plus rapidement que par le processus de sélection et de reproduction utilisé jusqu'ici. Chez l'homme, le clonage pose des problèmes d'éthique énormes — va-t-on créer des petits Einstein ou des petits Hitler ? —, mais d'un strict point de vue biologique, il semble que ce serait tout à fait possible.

Les ventriloques parlent-ils vraiment avec leur ventre ?

Non. Le ventriloque est passé maître dans l'art de parler sans bouger les lèvres. Il a dû s'exercer longtemps pour avoir une bonne diction, puisque certains mots sont très difficiles à prononcer de cette façon. La marionnette qu'il utilise généralement lui est aussi d'une aide considérable, puisqu'elle attire l'attention des spectateurs ailleurs. Elle est articulée, la plupart du temps, dotée d'une tête, d'une bouche et d'yeux qui bougent. De plus, quand la marionnette « parle », le ventriloque n'hésite pas à sourire et même à grimacer pour camoufler ce qui peut rester de mouvement des lèvres.

À quoi sert la boule de ouate dans une bouteille de pilules ?

Contrairement aux croyances populaires, la boule de ouate dans une bouteille de pilules ne sert pas à leur faire garder leur fraîcheur. Elle est là pour éviter que les comprimés soient trop brassés dans le transport et qu'ils se brisent. Compte tenu que les bactéries de la peau humaine contaminent ce morceau de ouate quand vous le retirez la première fois, il est préférable de le jeter plutôt que de le remettre dans la bouteille.

Avec quoi taille-t-on le diamant ?

Comme le diamant est la substance naturelle la plus dure qui soit connue, on doit donc utiliser... du diamant pour le tailler. La taille se fait au moyen d'un disque d'acier tournant, enduit de poudre de diamant. Pour le dégrossir, on le frotte sur un autre diamant. Pour le polir, on le passe sur une plaque tournante, elle aussi incrustée de petits diamants.

Qu'est-ce que l'eau minérale a de particulier ?

L'eau minérale a la particularité de provenir des profondeurs de la terre. Selon la profondeur de la source et la nature du sol, on y trouve des minéraux et des sels dissous qui lui donnent son goût particulier. Beaucoup de gens en consomment pour des raisons de santé, d'autres parce que cette eau est plus pure que celle du robinet. Par contre, en trop grande quantité, certaines eaux peuvent contenir des sels et des minéraux qui peuvent s'avérer nuisibles pour la santé à la longue.

POURQUOI LA VITESSE D'UN BATEAU EST-ELLE MESURÉE EN NŒUDS ?

Il y a bien longtemps, il n'existait pas d'instruments pour mesurer la vitesse d'un bateau. Des marins astucieux avaient développé un truc : on attachait le bout d'une corde au mât, et l'autre bout à une planche qu'on jetait à la mer. Dans cette corde, on avait aussi fait des nœuds à intervalles réguliers. À mesure que la corde se déroulait, on comptait les nœuds qui passaient, estimant ainsi la vitesse du bateau. Aujourd'hui, un nœud correspond à un mille marin qui, lui, équivaut à 1 852 mètres.

UN ORDINATEUR PEUT-IL COMMETTRE DES ERREURS ?

En fait, les ordinateurs ne commettent pas d'erreurs, puisqu'ils ne font qu'exécuter un ensemble d'instructions. Par contre, si le programme qui contient les instructions à exécuter est erroné, l'ordinateur exécutera ce qu'on lui demande de faire. Il ne faut pas perdre de vue que ces programmes sont écrits par des humains.

QU'EST-CE QUE L'EMBALLAGE SOUS VIDE ?

L'emballage sous vide est une technique qui consiste à aspirer l'air d'un emballage avant de le refermer hermétiquement. De cette façon, les bactéries, qui se nourrissent d'oxygène, n'ont aucune chance de proliférer et de s'attaquer aux aliments. Ceux-ci restent donc frais plus longtemps.

QU'ÉTAIENT LES SEPT MERVEILLES DU MONDE ?

Les Sept Merveilles du monde représentaient les plus belles réalisations de l'homme pendant l'Antiquité. La seule à avoir survécu au temps est la Grande Pyramide d'Égypte. Les six autres étaient les suivantes : les jardins suspendus de Babylone

(Irak), le temple de Diane à Éphèse et le mausolée d'Halicarnasse (Turquie), le phare d'Alexandrie (Égypte), la statue de Zeus à Olympie et le colosse de Rhodes (Grèce). Ce dernier, construit à l'entrée d'un port, était si grand, selon la légende, que les bateaux passaient entre ses jambes.

QUE FUT LA GUERRE DE SÉCESSION ?

La guerre de Sécession fut une guerre civile qui eut lieu aux États-Unis de 1861 à 1865. Le principal point de litige en était l'esclavage. Le président des États-Unis, soutenu par les États du nord, voulait en effet abolir l'esclavage. Onze États du sud s'y opposèrent et décidèrent de quitter l'Union américaine. Les Nordistes et les Sudistes se battirent pendant presque cinq ans et cette guerre se termina par une victoire des États du nord. Ainsi fut aboli l'esclavage, et les sécessionnistes n'eurent d'autre choix que de réintégrer l'Union.

QUELLE EST LA LONGUEUR DU TOUR DE FRANCE ?

Le parcours du Tour de France varie chaque année. Il dure trois semaines et se déroule en vingt étapes différentes. Le plus long parcours fut celui de 1926, avec 5 745 km. En moyenne, la course annuelle représente environ 4 000 km.

QU'EST-CE QUE LE DÉCATHLON ?

Le décathlon est une discipline olympique très exigeante qui regroupe dix épreuves différentes : courses 100 m, 400 m et 1 500 m, course de 110 m haies, le lancer du poids, du disque et du javelot, le saut en hauteur, le saut à la perche et le saut en longueur. Chaque athlète doit recueillir le plus de points possible dans chaque épreuve et celui qui a cumulé le plus de points reçoit la médaille d'or. Les femmes ne participent pas au décathlon. Par contre, le pentathlon leur est réservé et regroupe cinq épreuves : course 100 m haies et 200 m, saut en hauteur, saut en longueur et lancer du poids.

QUELLE EST L'ORIGINE DE L'APPAREIL PHOTO ?

En 1989, la photographie célébrait officiellement son 150e anniversaire de naissance. Mais déjà, Léonard de Vinci connaissait le principe de la chambre noire, la *camera obscura*. Il s'agissait d'une petite pièce étanche à la lumière. Sur un mur, il y avait un petit trou, sur le mur opposé, un verre dépoli. La lumière — et les objets qu'elle éclairait — pénétrait par le trou et se trouvait à être projetée, inversée, sur le mur opposé. Bien des peintres l'utilisaient pour faire des esquisses ou pour tracer les contours des objets ainsi projetés. Un Anglais, William Henry Fox Talbot, fit part au grand public en 1839 de la possibilité de conserver sur un support l'image ainsi produite. C'est aussi en 1839 que Daguerre et Niepce — qui avaient jusqu'alors expérimenté chacun de son côté — produisirent les premiers daguerréotypes. Graduellement, de nouvelles inventions — lentilles, pellicule, produits chimiques — ont fait progresser la photo, mais certains types de caméras utilisés encore aujourd'hui dans bien des studios fonctionnent toujours exactement sur le principe de la chambre noire de Léonard de Vinci.

Pourquoi le mince verre d'une ampoule électrique est-il aussi résistant ?

Le verre qui recouvre une ampoule électrique est effectivement très mince. On a parfois l'impression qu'il pourrait casser juste du fait de le visser dans sa douille. S'il est aussi résistant, c'est grâce à sa coquille dont la forme est empruntée à la nature. En effet, tout comme un œuf à la coquille fragile, sa forme arrondie diffuse la force exercée au point de contact dans toutes les directions en suivant la courbure du verre.

Comment sont faits les échantillons de parfums que l'on trouve dans les pages des magazines ?

Les fabricants de parfums ont trouvé ce moyen pour promouvoir leurs produits. L'odeur du parfum est contenue dans des capsules minuscules et enveloppée dans de la résine. Quand vous grattez le papier, votre ongle se trouve à briser ces capsules et à libérer le parfum. Ce principe de microencapsulation a été inventé par la compagnie 3M.

Qu'est-ce qu'un rasoir de sûreté et qui l'a inventé ?

Les premiers rasoirs à longue lame étaient aussi surnommés des coupe-gorge... à cause des dangers que présentait son utilisation. King Camp Gillette, un voyageur de commerce, vit qu'on pouvait l'améliorer. Il travailla sur ce design à partir de 1895 et déposa son brevet en 1901. La lame à double tranchant s'ajustait dans un support et comportait un manche. Les lames, garanties pour une vingtaine de rasages, se vendaient par paquet de douze. Au moment de la commercialisation, en 1904, le succès ne fut pas instantané. Il fallut de grosses campagnes de publicité pour que les ventes décollent finalement en 1906. Certains de ces rasoirs pouvaient être très luxueux, avec des manches plaqués or ou argent. Le design original a très peu changé depuis, sauf pour ce qui est des modèles jetables, les têtes à double lame et les manches plus ergonomiques.

Comment choisit-on les pays où se déroulent les Jeux olympiques ?

Pour éviter la politisation des Jeux — aussi bien ceux d'été que ceux d'hiver —, il a été décidé depuis longtemps que les hôtes seraient des villes plutôt que des pays. Compte tenu des coûts et des installations requises pour la tenue de tels événements, le choix est fait au moins six ans à l'avance par le Comité international olympique. Préalablement, des villes ont pris la décision de soumettre leur candidature. En cas de candidatures multiples provenant d'un même pays, c'est un comité olympique national qui détermine quelle candidature sera retenue. On évalue alors toutes sortes d'aspects : l'infrastructure de la ville, sa capacité d'accueillir des milliers d'athlètes et des centaines de milliers de visiteurs, sa capacité à terminer les travaux à temps, etc. Les coûts étant de plus en plus astronomiques, on évalue la possibilité de toujours les présenter au même endroit, soit à Athènes, là où ils ont pris naissance.

Est-il vrai qu'il existe des avions invisibles ?

Malgré toutes les recherches faites en aéronautique et tous les budgets consacrés à l'armement, l'avion invisible n'existe pas.

Par contre, depuis déjà plusieurs années, les Américains ont mis au point des modèles d'avions qui sont pratiquement indétectables par les radars. Conçus de matériaux à grand pouvoir absorbant et enduits d'une peinture qui absorbe les ondes radar, ils ne réfléchissent qu'une infime partie des ondes qu'ils reçoivent, devenant ainsi à peu près indétectables.

QUELLE EST L'ORIGINE DU TABAC ?

Le tabac est la feuille séchée d'une plante de la famille de la pomme de terre, appelée Nicotiana. Originaire du nord de l'Amérique du Sud, elle était cultivée à la grandeur des deux Amériques bien avant l'arrivée de Christophe Colomb. Le mot lui-même est dérivé de *tabaco*, un mot indien qui désignait aussi bien la plante que la pipe que l'on utilisait pour le fumer.

Colomb en aurait rapporté au Portugal et c'est peu de temps après qu'on aurait commencé à l'importer en Europe. La culture du tabac commença en France en 1556. C'est en 1586 que sir Walter Raleigh rapporta en Angleterre du tabac et une pipe. Bien que l'usage du tabac n'ait pas été encouragé, il se répandit rapidement dans de nombreux pays. Le tabac peut être fumé, chiqué et prisé, mais seule la combustion des feuilles entraîne la libération de nicotine ainsi qu'une foule d'autres substances : gaz carbonique, oxyde de carbone, ammoniac, goudron. La nicotine et le goudron seraient d'ailleurs les principaux responsables des effets cancérigènes du tabac. À forte dose, la nicotine est d'ailleurs un poison mortel.

QUELLE EST L'ORIGINE DU CALENDRIER ?

De par sa nature, l'homme a toujours voulu connaître les choses, les évaluer, les peser, les mesurer. Pour ce qui est du temps, son premier instrument de mesure fut l'alternance du jour et de la nuit. Par la suite vint la découverte du cycle lunaire, le cycle des saisons. Toutes les civilisations anciennes ont d'ailleurs eu des calendriers lunaires. Cependant, on finit par se rendre compte qu'un calendrier basé sur la lunaison, donnant une année de 354 jours, finissait par accuser un retard par rapport à d'autres éléments observables, comme l'éclosion des bourgeons, par exemple, qui revenait chaque année de plus en plus tôt. Plusieurs peuples se mirent d'ailleurs à intercaler un treizième mois aux trois ans pour compenser.

Les noms de mois, comme nous les connaissons actuellement, nous viennent des Romains, qui avaient eux aussi un treizième mois qu'on intercalait au hasard, quand le besoin se faisait sentir. Après avoir découvert les mérites du calendrier égyptien, très près de celui que nous connaissons aujourd'hui, Jules César l'imposa à tout son empire. D'autres modifications mineures eurent lieu par la suite, mais le calendrier que nous utilisons actuellement est appelé le calendrier grégorien, en l'honneur du pape Grégoire XIII, qui présidait le concile de Trente, au cours duquel il fut adopté. Le deuxième calendrier le plus utilisé dans le monde est celui de l'Islam. Il est tellement différent du nôtre qu'il faut utiliser des tables pour faire les conversions de dates entre les deux.

Où commencent et finissent le Proche, le Moyen et l'Extrême-Orient ?

Le Proche-Orient et le Moyen-Orient n'ont malheureusement pas de frontière bien délimitée. Le Proche-Orient désigne l'ensemble des pays riverains de la Méditerranée orientale. Ce sont la Turquie, la Syrie, le Liban, Israël et l'Égypte. Parfois, on y inclut aussi la Jordanie et les pays du golfe Persique. Le Moyen-Orient est formé de l'Égypte et des États d'Asie occidentale. Par contre, l'expression englobe aussi parfois l'Afghanistan, le Pakistan, la Libye et… le Proche-Orient.

Par contre, l'Extrême-Orient désigne l'ensemble des pays de l'Asie orientale : la Chine, le Japon, la Corée, l'Indochine, l'Indonésie, les Philippines et l'extrémité orientale de la Russie.

Pourquoi la soie est-elle un tissu précieux ?

La soie était un tissu très précieux en Europe, parce qu'elle venait de Chine. À la même époque, les Grecs en fabriquaient en petite quantité, mais leur soie n'avait pas la même qualité parce que leurs vers étaient nourris avec des feuilles de chêne. En plus de la différence de qualité, les marchands qui ramenaient la soie de Chine devaient franchir près de 5 000 km à travers l'Asie centrale pour rapporter le précieux tissu, et cela, en traversant des pays souvent ravagés par la guerre. Quand, en 550, des moines ramenèrent une certaine quantité de vers à soie à l'empereur Justinien 1er, les Européens commencèrent l'élevage, nourrissant leurs vers de feuilles de mûrier noir. Malheureusement pour eux, la meilleure soie continuait d'être produite en Chine par des vers nourris aux feuilles de mûrier... blanc et ils durent continuer d'en importer. Le long chemin entre la Chine et la Méditerranée portait le nom de la route de la soie.

QUAND FURENT INVENTÉS LES BAS DE NYLON ?

Les bas de nylon furent inventés en 1935 et commercialisés en 1938. L'inventeur Wallace Carothers, chimiste à la société Du Pont, travailla pendant onze ans sur ce produit et la société y investit 27 millions de dollars. Carothers, dépressif depuis longtemps, se suicida en 1937, vingt jours après avoir déposé son brevet. Il ne sut jamais que le produit allait être baptisé *Nylon* et que celui-ci allait être à l'origine d'une révolution dans le domaine du tissu.

À QUOI SERT LE RECYCLAGE DES DÉCHETS DOMESTIQUES ?

Les Américains ont calculé qu'ils pourraient sauver 75 000 arbres par semaine, juste en recyclant la volumineuse édition du dimanche du *New York Times*. Aujourd'hui, on peut recycler le papier, le verre, le métal et certains plastiques. Le papier redevient ainsi du papier ; le métal recyclé peut entrer en partie dans la fabrication de châssis d'automobiles neuves ; le verre peut être fondu, puis coulé à nouveau sous d'autres formes ; le plastique peut être transformé en produits de qualité inférieure. Certains de ces procédés de transformation sont coûteux. À mesure que ces coûts vont baisser et que l'on va trouver des utilisations pour les produits recyclés, on réduira la quantité de déchets domestiques tout en préservant nos ressources naturelles. Déjà, les Suisses et les Suédois récupèrent 50 % de leur verre, les Japonais, 50 % de leur papier.

QUEL EST LE SECRET DES SOURCIERS ?

Les sourciers traditionnels — ces personnes qui peuvent trouver des nappes d'eau souterraine — utilisaient une branche de saule ou de noisetier taillée en forme de Y. Aujourd'hui, ils utilisent deux tiges en métal en forme de L. Quoi qu'il en soit, la méthode, elle, n'a jamais changé. Le sourcier tient la branche devant lui, à bout de bras. Quand celle-ci se met à osciller ou à courber vers le sol, cela indique que c'est là qu'il faut creuser. Cette capacité n'est pas accessible à tout le monde, et personne n'a encore pu découvrir pourquoi les sourciers ont ce don. Même Albert Einstein a émis des hypothèses là-dessus. Électromagnétisme ? Effets biophysiques ? Toujours est-il que ça marche. On utilise même leurs talents aujourd'hui pour retrouver des conduites souterraines ou des gisements de minéraux.

COMMENT PEUT-ON TÉLÉPHONER D'UNE VOITURE ?

En fait, les téléphones que l'on trouve dans les autos sont aussi branchés sur le système téléphonique conventionnel, par le biais d'un réseau. Ce réseau a été divisé en cellules — d'où le nom de téléphone cellulaire — d'environ 5 km^2. Chacune de ces cellules comprend un transmetteur. Quand on appelle de la voiture, un ordinateur central transfère la communication sur le réseau. Ce même ordinateur suit le parcours de l'automobile et transférera l'appel de cellule en cellule, pour que la communication ait la meilleure qualité possible. Dans le cas inverse, l'ordinateur repère le téléphone de l'auto appelée et commute l'appel sur le transmetteur de la cellule la plus proche.

QUELLE EST LA DIFFÉRENCE ENTRE UN POLAROÏD ET UNE PHOTO INSTANTANÉE ?

La première caméra à développement instantané a été lancée en 1947 ; elle portait le nom de Polaroïd-Land et donnait une image en noir et blanc en une minute. Depuis, Polaroïd est devenu un nom générique, puisque c'est la seule compagnie qui fabrique un tel type de film. Le procédé est très simple : quand vous avez pris la photo, celle-ci est éjectée de l'appareil et passe entre deux galets. Ceux-ci brisent une pochette qui est sur le papier et qui contient les acides nécessaires au développement de l'image. En fait, le procédé est tellement simple qu'aucune autre compagnie n'a encore réussi à commercialiser un produit semblable sans enfreindre les brevets de Polaroïd. La dernière à s'y frotter fut Kodak, qui dut retirer rapidement son produit du marché et payer des centaines de millions de dollars en dommages et intérêts à Polaroid.

QUAND ON CREUSE UN TUNNEL PAR LES DEUX BOUTS, COMMENT PEUT-ON ÊTRE CERTAIN DE SE RENCONTRER ?

De 1907 à 1909, le Canadien Pacifique a creusé des tunnels dans les Rocheuses pour que le chemin de fer contourne des obstacles. Ces tunnels étaient en pente et étaient construits des deux bouts à la fois. Les arpenteurs géomètres utilisèrent un théodolite, sorte de petit télescope, avec lequel on visait un point précis de la muraille. À partir de ce point, on pouvait calculer la direction et l'inclinaison du tunnel, tout en procédant aux corrections qui pouvaient s'imposer. Résultat : un tunnel de 900 m de long, creusé à partir des deux extrémités. L'écart entre les deux galeries fut de 5 cm seulement. Aujourd'hui, le laser et l'ordinateur ont remplacé le théodolite et assurent une précision encore plus grande.

QUELLE EST L'ORIGINE DE LA TÉLÉVISION ?

Bien que la télévision soit considérée comme une invention du XXe siècle, peu de gens savent qu'elle fit réellement ses débuts en 1880, sous une forme primitive. En 1884, Paul Nipkow, un Allemand, découvrit que l'image devait être décomposée avant d'être transmise. Pour ce faire, il inventa un disque qui porte son nom et qui permet de reconstituer une image noir et blanc. En 1906, le Russe Boris Rosing poussa l'expérience encore plus loin, utilisant le disque de Nipkow et le tube cathodique inventé en 1897 par l'Allemand Ferdinand Braun. Les premiers essais de retransmission ont eu lieu aux États-Unis en 1928, mais c'est à Londres, en 1929, que fut créé le premier studio. Ce premier système mécanique allait être dépassé dès 1931, soit l'année où le Russe Zvorykine inventa la caméra électronique. À partir de ce point, les dates importantes sont les suivantes :

1935 : Berlin dispose du premier service régulier de télévision.
1936 : Premières diffusions de la BBC, en Angleterre.
1939 : Première diffusion par la RCA américaine.

1951 : Première diffusion en couleur aux États-Unis.
1955 : Première transmission par câble aux États-Unis.

Comme on le constate, l'histoire de la télévision est vraiment internationale !

QUELLE EST L'ORIGINE DES RAYONS X ?

On produisait déjà sans le savoir des rayons X depuis vingt-cinq ans, quand Wilhelm Conrad Roentgen, en 1895, s'attarda à essayer de comprendre le phénomène. Comme il ne réussissait pas vraiment à en expliquer la nature, c'est lui qui les baptisa rayons X. Au cours de ses expériences sur ce rayonnement mystérieux, il se rendit compte que celui-ci pouvait traverser le papier, le bois et les métaux, mais non le plomb. Il fut même en mesure de voir le squelette de ses doigts. Comme cette lumière avait la capacité d'impressionner les plaques photographiques, il eut l'idée de photographier la main de sa femme, faisant du même coup la première radiographie. D'autres savants continuèrent les recherches qui conduisirent graduellement au développement des appareils à rayons X que nous connaissons aujourd'hui.

QUELLE EST L'ORIGINE DU PNEU ?

C'est un vétérinaire écossais, John Boyd Dunlop, qui, le premier, a eu l'idée d'entourer les roues d'un vélo avec des tubes en caoutchouc gonflés d'air. Il fit breveter son invention peu de temps après et fonda la première usine de fabrication de pneumatiques. En 1891, en France, les frères Michelin inventèrent le pneu démontable. Ce sont eux aussi qui furent les premiers à équiper les automobiles de pneus, en 1895. Ils récidivaient ensuite en 1908 avec les pneus pour les véhicules lourds. En 1933, le pneu à neige faisait son apparition, suivi en 1937 du premier pneu à carcasse d'acier. Depuis, tous les pneus n'ont constitué que des variations sur un même thème. Aujourd'hui, on parle d'un pneu « vert », qui abaisserait la consommation d'essence des véhicules sur lesquels ils seraient montés, entraînant ainsi une diminution de 5 % des émanations de CO^2.

QUELLE EST L'ORIGINE DE L'AVION ?

Le premier homme connu à avoir dressé les plans d'ailes mécaniques fut Léonard de Vinci. Après avoir observé le vol des oiseaux, il commença à imaginer des moyens de le reproduire. Par contre, c'est un Anglais, sir George Cayley, qui, en 1809, conçut le premier aéroplane sur papier. En 1871, Alphonse Pénaud réussissait à faire voler un modèle réduit, dont le moteur était propulsé par un élastique tordu. Pendant ce temps, Jean-Marie Le Bris, un autre Français, avait réussi le premier vol plané. Le premier à avoir décollé à bord d'une machine à moteur fut Clément Ader, en 1890. Son avion fit un bond d'une cinquantaine de mètres, à 15 cm du sol. C'est d'ailleurs lui qui déposa un brevet où, pour la première fois, il était fait mention du terme « avion ». En 1903, Orville Wright réussissait le premier vol soutenu. Il franchissait la distance de 36 m en 12 secondes. Lors du quatrième vol, son frère Wilbur réussit à franchir 284 m en 59 secondes. On était encore bien loin du Concorde, mais le premier pas était fait.

COMMENT LES APPAREILS DISTRIBUTEURS RECONNAISSENT-ILS LES PIÈCES DE MONNAIE ?

Les contrôles effectués par la machine commencent à la fente. Les pièces trop grosses, trop épaisses ou tordues n'y entreront pas. La pièce tombe ensuite sur un berceau qui en évalue le poids. Si elle est trop légère, elle est éjectée. Si elle est assez lourde, elle suit une rampe au bout de laquelle il y a un aimant. Compte tenu que toutes les pièces d'argent contiennent des métaux, la vitesse de sa descente sur la rampe donnera aussi des indications sur la valeur de la pièce. Les pièces trop légères ou peu sensibles à l'effet de l'aimant seront aussi orientées vers la rigole de rejet, alors que la bonne pièce actionnera le mécanisme qui permettra la livraison du produit.

QUI EST L'INVENTEUR DE LA FERMETURE ÉCLAIR ?

La fermeture éclair fut inventée en 1893 par un ingénieur américain du nom de Whitcomb Judson. Cependant, cette première version n'était pas suffisamment pratique. Après vingt ans de recherches supplémentaires infructueuses, Judson embaucha un ingénieur suédois, Gideon Sundback, pour continuer le travail. C'est ce dernier qui mit au point la fermeture éclair telle que nous la connaissons maintenant. La marine américaine en fit une grosse consommation pendant la Première Guerre mondiale et c'est de cette façon que l'invention se fit connaître partout dans le monde.

POURQUOI LA PELLICULE ADHÉSIVE COLLE-T-ELLE SUR LES PLATS ?

Il y a deux raisons : la première est que ces films sont élastiques et qu'ils sont porteurs d'électricité statique. Leur élasticité est due au fait qu'ils sont constitués de longues cellules de polyéthylène ou de chlorure de polyvinyle qui s'allongent quand on tire dessus, puis qui ont tendance à reprendre leur forme première quand on les relâche. Leur propriété adhésive, elle, est due au fait que les films sont porteurs d'électricité statique. Par conséquent, dès qu'ils entrent en contact avec une autre surface, ils y adhèrent par un phénomène de simple attraction électrique. Les pellicules à base de PVC sont plus claires, mais perdent leur élasticité plus rapidement que celles qui sont à base de polyéthylène.

POURQUOI LE TRAVAIL DES CONTRÔLEURS AÉRIENS EST-IL SI IMPORTANT ?

On n'a qu'à penser à l'aéroport O'Hare de Chicago, le plus fréquenté au monde. Il y passe une moyenne de 55 millions de voyageurs par année, soit 6 700 passagers à l'heure. Pas moins de 2 200 avions y atterrissent et en décollent chaque jour. De plus, 90 % des accidents d'avions se produisent juste après le décollage ou à l'atterrissage. Les contrôleurs aériens doivent donc s'assurer que tous ces avions — autant de points clignotants sur leur appareil radar — sont suffisamment éloignés les uns des autres pour éviter les risques de collision. Quand les pistes sont trop encombrées, ils doivent alors aiguiller les avions vers des aires d'attente. C'est un travail qui demande beaucoup de concentration et de sang-froid. On estime qu'un candidat seulement sur vingt réussira à devenir contrôleur aérien.

En temps de guerre, qu'est-ce que la logistique ?

La logistique représente la capacité qu'a une armée à assurer l'approvisionnement de ses troupes en munitions, en équipements et en vivres. Il s'agit d'un aspect non négligeable d'une campagne militaire, puisque son succès peut en dépendre. Il existe d'ailleurs des exemples célèbres à travers l'histoire. Au Viêt-nam, les Américains devaient distribuer pas moins de 760 000 tonnes de ravitaillement à leurs militaires chaque mois. En 1944, les Japonais éprouvèrent des difficultés en Birmanie. Quand les Britanniques lancèrent leur contre-attaque, ils n'eurent aucune difficulté à prendre le dessus. À mesure qu'ils avançaient, ils trouvaient des cadavres de soldats japonais morts de faim.

Peut-on mentir à un détecteur de mensonges ?

Bien des experts croient qu'il est tout à fait possible de mentir à un détecteur de mensonges sans que l'appareil puisse s'en rendre compte. Comme le fonctionnement de cet appareil est basé sur des réactions physiologiques comme la respiration, la transpiration et le rythme cardiaque, certaines personnes auraient une certaine facilité à induire l'appareil en erreur. Un interrogatoire est toujours précédé d'un questionnaire de contrôle, au cours duquel on pose des questions anodines au sujet — Votre nom est-il bien Monsieur Untel ? — pour connaître ses réactions de base. En minimisant ses réactions face à ces premières questions, ou en les exagérant, la personne interrogée peut à ce moment transmettre une information erronée qui rendra nulle la lecture des données du véritable interrogatoire.

Comment fait-on un portrait-robot ?

Pour faire un portrait-robot, on se fonde sur les témoignages de témoins. De façon générale, un visage se décompose en douze zones. On reconstitue un visage zone par zone, à partir des informations recueillies. On part d'une forme de visage, puis, à partir d'une banque de dessins ou de photos existants, on y place les yeux, le nez, la bouche, les oreilles, les cheveux et les sourcils et, enfin, la moustache, la barbe et des cicatrices, s'il y a lieu. Ce composite donne une excellente idée du visage de la personne recherchée. Dans le cas de personnes recherchées depuis longtemps, on peut même utiliser l'ordinateur pour faire vieillir une photo, de façon à avoir une assez bonne idée de l'apparence que cette personne peut avoir aujourd'hui.

La graphologie est-elle une science sérieuse ?

Même si le terme n'est apparu qu'en 1871, l'idée d'essayer de connaître la personnalité à partir de l'écriture date de très longtemps. Tellement d'études ont été faites sur le sujet qu'il n'est plus permis de douter de son sérieux. Cette technique est utilisée aussi bien par la police qu'en psychologie. Quatre-vingt pour cent des grandes sociétés allemandes utilisent les services de graphologues pour embaucher leur personnel. Aux États-Unis, on parle de plus de 3 000 entreprises qui agissent de la même façon. En fait, non seulement l'écriture dévoile la personnalité, mais chaque écriture serait aussi distinctive que les empreintes digitales.

Comment du verre peut-il être blindé ?

Le verre blindé porte ce nom en raison des utilisations qu'on en fait. En réalité, il s'agit d'un certain nombre de couches de verre et de plastique intercalées comme un sandwich et qui sont extrêmement résistantes. On utilise ce type de verre pour les pare-brise d'auto (le plus mince), ainsi que pour les hublots d'avion (le plus épais). Parmi ses particularités, on note sa résistance à des températures extrêmes et aux impacts. De plus, si le verre se brise, les couches de plastique empêchent celui-ci de s'éparpiller en fragments, minimisant ainsi les risques de blessures.

Qu'est-ce qu'un filigrane ?

En 1260, dans une fabrique de papier, en Italie, quelqu'un oublia un fil de fer sur une presse à papier. Quand celui-ci fut pressé, le tracé du fil demeura gravé sur le papier. On eut alors l'idée de faire des formes pour créer des figures décoratives ; le filigrane était né. De nos jours, les filigranes servent à identifier des fabricants de papier ou sont utilisés pour des papiers plus luxueux. Un filigrane de nature plus complexe est utilisé pour le papier monnaie. Il s'agit bien souvent du portrait d'un chef d'État et la complexité du dessin rend la contrefaçon plus difficile.

QUE SONT LES HUILES ESSENTIELLES ?

Les huiles essentielles sont extraites des feuilles ou des fleurs de plantes par le procédé de distillation, ce qui permet de garder à l'huile les caractéristiques propres de la fleur, comme le parfum. Même s'il y a sur la terre des milliers d'espèces végétales, seulement 200 de celles-ci sont utilisées dans la production d'huiles essentielles. Celles-ci, en retour, entreront dans la fabrication de parfums, d'huiles, de déodorants, de savons. Certaines plantes peuvent donner 10 % de leur poids en huile essentielle, alors que d'autres donneront 0,02 %. À titre d'exemple, il faut 900 kg de pétales de roses pour produire 1 kg d'huile de rose. Quand ces huiles sont extraites de façon artisanale, leur prix peut atteindre des sommes astronomiques.

COMMENT EST-ON SÛR QUE LA LUMIÈRE VOYAGE À 300 000 KM/S ?

Le premier à calculer la vitesse de la lumière fut un Français, le physicien Léon Foucault, en 1862. Avec une source de lumière, un miroir fixe et un autre en rotation, il calcula que la lumière voyageait à la vitesse de 300 939 km/s. En 1920, le physicien américain Albert Michelson, avec un système beaucoup plus sophistiqué, arriva au chiffre plus précis de 299 793 km/s. De façon générale, on dit qu'elle voyage à 300 000 km/s.

QUEL EST LE TROU LE PLUS PROFOND JAMAIS CREUSÉ ?

Selon l'endroit du globe où l'on se trouve, l'écorce terrestre aurait entre 10 et 64 km d'épaisseur. L'idée de la percer vient des Américains, mais ce sont les Soviétiques qui ont amorcé le projet en 1970. À la fin des années 1980, ils étaient rendus à une profondeur de 13 km et la température y atteignait les 180 °C. Il est très difficile et très coûteux d'aller plus loin, puisque les alliages qui constituent les matériaux de forage perdent leur rigidité à mesure que la température augmente et qu'il faudrait utiliser des têtes de foreuse en titane. Pour ce qui est des endroits où la croûte est plus mince, il s'agit du fond des océans. Vraiment pas plus facile, ni moins coûteux !

COMMENT FONCTIONNE UNE TÉLÉCOMMANDE ?

Dans une télécommande, il y a des puces. Selon le bouton sur lequel vous appuyez, la puce envoie un signal qui est transporté par un faisceau à l'infrarouge. Sur le téléviseur ou sur le magnétoscope, un capteur reçoit ce signal, puis le transmet à d'autres puces qui le décodent et qui réalisent l'instruction ainsi transmise. Il existe aussi des télécommandes à ultrasons et d'autres, plus sophistiquées, qui utilisent les ondes radio.

COMMENT FONCTIONNE UN FAX ?

Un fax — de l'anglais *Fac-similé* —, ou télécopieur, est relié au réseau téléphonique. Pour expédier un document, on l'introduit dans l'appareil et on compose le numéro de son correspondant. Quand la connexion est établie, un faisceau lumineux balaie le document et une lentille projette l'image sur un dispositif doté de milliers de cellules minuscules. Celuici transforme alors le tout en courant électrique, qui est transmis par un modem (modulateur/démodulateur). À l'autre bout, un autre modem démodule le message reçu et envoie celui-ci à une imprimante thermique qui chauffe un papier spécialement traité pour reproduire le document original. Des télécopieurs plus sophistiqués contiennent une imprimante laser plutôt qu'une imprimante thermique. D'autres encore peuvent traiter séquentiellement un document et en faire parvenir les parties à différents endroits à des heures prédéterminées.

COMMENT SE FAIT LA MISE AU POINT AUTOMATIQUE SUR UN APPAREIL PHOTO ?

La mise au point automatique sur un appareil photo se fait généralement en une fraction de seconde, soit entre le moment où on appuie sur le déclencheur et le moment où celui-ci entre vraiment en action. D'ailleurs, sur une caméra dotée d'un système plus lent de mise au point, il arrive que l'on ressente une certaine résistance du déclencheur, qui correspond au temps de la mise au point. Les deux systèmes les plus fréquents utilisent des émetteurs d'infrarouges ou d'ultrasons. Dans le premier cas, le rayon infrarouge balaie le sujet et revient vers l'appareil, qui est doté d'un détecteur. Simultanément, un moteur actionne la lentille pour faire la mise au point. Quand le signal atteint son maximum, le détecteur coupe le moteur et l'émetteur, tout en actionnant le déclencheur. Pour sa part, le système à ultrasons émet des sons très aigus qui frappent le sujet et reviennent vers un capteur qui évalue ainsi la distance, un peu à la manière d'une chauve-souris.

On entend de plus en plus parler des cartes à puce. Qu'est-ce que c'est ?

Il y a des milliards de cartes de crédit et de paiement en circulation dans le monde. À la fin des années 1980, Japonais, Américains et Européens ont commencé à effectuer des recherches sur les cartes à puce. À la différence d'une carte de crédit, qui ne contient que de l'information de base, la carte à puce pourrait, par exemple, contenir votre dossier médical au complet ou votre dossier bancaire. Un médecin pourrait alors consulter votre carte avec un lecteur au laser et celle-ci pourrait être mise à jour après votre visite. Ce serait l'équivalent de toujours transporter sur vous toutes vos archives médicales. À l'extrême, une telle carte pourrait regrouper des informations très différentes, dotées d'un code d'accès. Ce pourrait être une carte tout usage, qui ferait aussi office de carte d'identité. Par contre, la banque n'aurait accès qu'aux informations de nature bancaire, le médecin n'aurait accès qu'aux informations de nature médicale, et ainsi de suite.

Qu'est-ce que la microchirurgie ?

Comme le nom le dit, la microchirurgie est une branche de la chirurgie classique qui permet de travailler sur des éléments minuscules, donnant ainsi la possibilité de procéder à des interventions extrêmement délicates. Grâce à celle-ci, on peut recoudre des artères de 2 mm de diamètre et même des fibres nerveuses de 0,02 mm de diamètre. Le chirurgien travaille au microscope et utilise des instruments extrêmement petits, comme une aiguille de 0,05 mm de diamètre et du fil de nylon ayant un diamètre de 0,02 mm. De plus, la microchirurgie permet de procéder à des interventions très délicates sans toucher au tissu sain qui entoure la zone à opérer.

Quelle est l'origine de la balance ?

La balance existe depuis très longtemps et il est à peu près impossible d'en connaître l'origine exacte. Originalement, l'homme utilisait ses mains pour comparer deux petits poids. On parlait de poids qu'on peut soulever d'une main, de deux mains, qu'on peut porter sur son dos. La plus vieille balance connue fut découverte dans une tombe, en Égypte, et date d'environ 7 000 ans. C'est en 1670 que le mathématicien français Gilles Personne de Roberval inventa la balance à deux plateaux, supportés par un fléau et reliés à un contrefléau qui guidaient leur mouvement. Pendant longtemps, ce fut la balance commerciale la plus utilisée. Elle fut remplacée graduellement par la Roberval semi-automatique, puis par la balance électronique.

L'évolution de la fusée

Les Chinois auraient inventé la fusée il y a de cela très longtemps. Une vieille légende parle même d'un mandarin qui aurait essayé de voler en s'accrochant à un cerf-volant propulsé par des fusées. En 1241, les Tatars utilisèrent des fusées dans une bataille. Dans les années 1800, les Anglais construisaient des rampes de lancement pour fusées multiples, utilisées à des fins guerrières. Jusque-là, elles étaient propulsées par la poudre. C'est un Américain qui inventa, en 1895, la fusée propulsée par un mélange liquide. Robert H. Goddard affirmait même qu'une fusée de ce type pourrait un jour amener l'homme sur la Lune, puis le ramener sur Terre. Malgré les 200 brevets qu'il déposa à cet effet, le gouvernement américain ne le prit jamais au sérieux. Pendant la Deuxième Guerre mondiale, en 1942, les Allemands mirent au point les V2, ancêtres des missiles modernes. Ce n'est qu'en 1957 qu'une fusée réussissait à s'arracher à l'attraction terrestre et mettait en orbite le premier satellite : le Spoutnik 1. Depuis, plus de 2 500 fusées ont été lancées.

Comment le son peut-il voyager à la vitesse de la lumière ?

Il n'y a qu'une seule possibilité pour que le son voyage à la vitesse de la lumière, et c'est quand il est transmis par ondes radio. Cela entraîne un paradoxe intéressant : des spectateurs assistant à un concert retransmis par la radio entendent la musique une fraction de seconde après les auditeurs.

Quelle est la différence entre les signaux AM et FM ?

Les signaux AM sont transmis par modulation d'amplitude (*Amplitude Modulation*), alors que les ondes FM le sont par modulation de fréquence (*Frequency Modulation*). Cela signifie que les premiers varient la courbe de leurs oscillations en fonction des signaux sonores, alors que les autres varient la fréquence entre les oscillations. Si les premiers sont plus sujets aux interférences électriques, ils ont par contre l'avantage de parcourir de plus longues distances puisqu'ils rebondissent entre la Terre et la ionosphère. Par contre, si les ondes FM ont une meilleure qualité, elles voyagent en ligne droite et ont donc une portée qui ne dépasse pas l'horizon, à moins d'être transportées par câble.

Pourquoi n'y a-t-il pas d'image sur une bande vidéo ?

Contrairement au vieux format 8 mm, qu'il fallait faire développer comme une pellicule ordinaire, une bande vidéo ne contient pas d'images visibles puisqu'elle n'enregistre que les signaux générés par les images. La tête d'enregistrement enregistre sur le milieu de la bande en une série de signaux obliques, alors que le son est enregistré sur une piste qui suit le bord. À la lecture, c'est une autre tête qui lit la bande et qui reconvertit ces impulsions électriques en images et en son.

Pourquoi la fibre optique est-elle si révolutionnaire ?

Les fils en cuivre qui avaient été utilisés avaient atteint un point de saturation et ne fournissaient plus au transport de toutes les communications, que ce soit les appels téléphoniques, les télécopies, les transferts de données d'ordinateur, les télex. À titre d'exemple, jusqu'en 1988, sept câbles sous-marins conventionnels servaient à acheminer les appels interurbains entre l'Amérique et l'Europe. Quand le premier câble de fibre optique fut installé, il avait à lui seul trois fois la capacité des sept câbles conventionnels et il pouvait acheminer 40 000 appels simultanément. Grâce à sa petitesse et à sa flexibilité, la fibre optique est aussi utilisée en médecine.

POURQUOI LES AÉROSOLS SONT-ILS DANGEREUX POUR LA COUCHE D'OZONE ?

Une grande partie des bombes aérosols utilisées contiennent des chlorofluorocarbones (CFC). Quand il y a vaporisation, ces substances volatiles s'en vont dans l'atmosphère, où la lumière du soleil les décompose en chlore. Ce chlore attaque l'ozone et transforme celui-ci en oxygène. Comme c'est l'ozone qui nous protège des rayons ultraviolets, plus la couche d'ozone est mince, plus ces rayons atteignent facilement la terre, entraînant une hausse des cancers de la peau et des problèmes de cataractes. Il a fallu qu'on se rende compte qu'il y avait dans la couche d'ozone au-dessus de l'Arctique un trou de la grandeur des États-Unis pour réagir. Les CFC sont remplacés graduellement par des produits moins dommageables pour l'environnement.

COMMENT LES AVEUGLES PEUVENT-ILS LIRE ?

Louis Braille, lui-même aveugle, a présenté un nouveau langage en 1830, à l'âge de 21 ans. Il a inventé une façon d'écrire en utilisant des points en relief, représentant toutes les lettres de l'alphabet, les signes de ponctuation et certains mots courants. Le système braille a connu un succès mondial et aujourd'hui, la majorité des grandes œuvres littéraires ont été adaptées. On écrit avec une pointe, à l'envers d'une feuille de papier, de gauche à droite. Pour lire, on tourne la feuille de côté et on passe les doigts sur les caractères ainsi écrits. Il existe aussi des machines à écrire et des appareils de traitement de texte en braille. Ce langage est beaucoup plus accessible aux personnes aveugles de naissance ou aux personnes qui ont perdu la vue en bas âge, puisqu'il demande un apprentissage assez complexe.

Un médecin anglais, William Moon, a aussi créé un langage en 1847. Moins polyvalent que le braille, le moon n'est utilisé que dans les pays anglophones.

COMMENT FONCTIONNE UN PACEMAKER ?

Le stimulateur cardiaque, bien connu sous son nom anglais de *pacemaker*, est un petit appareil qui est implanté dans le thorax pour stimuler les battements d'un cœur défaillant. De la grosseur d'une boîte d'allumettes, d'un poids de 25 g, il est généralement fait en titane. Composé d'une électrode, d'une sonde d'entraînement et d'un cathéter, il est relié — lors d'une opération chirurgicale — au nœud sinusal qui, normalement, provoque les battements du cœur. Sensible, il détecte toute fluctuation dans les battements et prend la relève au besoin. Il fonctionne avec une pile au lithium qui peut fonctionner entre cinq et douze ans. L'installation du stimulateur nécessite une anesthésie générale. Pour changer la pile, une anesthésie locale est suffisante. Par la suite, le patient doit passer des examens périodiques pour s'assurer que l'appareil fonctionne bien. On estime à plus de cinq millions le nombre de personnes qui vivent une vie normale grâce à ce petit appareil.

COMMENT MET-ON LA POIRE DANS UNE BOUTEILLE D'EAU-DE-VIE DE POIRE ?

Ce procédé est pratiqué depuis très longtemps. La méthode est la plus simple que l'on puisse imaginer : faire pousser la poire à l'intérieur de la bouteille. Quand le fruit commence à se développer, on l'introduit dans une bouteille qui est suspendue à une branche à l'aide d'un filet. La poire se développe encore mieux du fait qu'elle est protégée des intempéries. Quand la poire arrive à maturité, on n'a qu'à détacher la bouteille et l'emplir d'eau-de-vie.

QUELLE EST L'ORIGINE DE L'ENCYCLOPÉDIE ?

Le premier dictionnaire connu date de 600 ans av. J.-C. et était écrit en akkadien, qui était la langue des Babyloniens et des Assyriens. Il fallut attendre en 1697 pour que soit publiée la première encyclopédie digne de ce nom, c'est-à-dire une tentative de répertorier toutes les connaissances humaines. Son auteur en était Pierre Bayle et elle s'intitulait *Dictionnaire historique et critique*. Mais celle qui donna ses lettres de noblesse au genre fut sans doute celle qui fut publiée par Denis Diderot et Jean Le Rond d'Alembert, de 1751 à 1772, et qui s'appelait... l'*Encyclopédie*.

QU'EST-CE QUE LA PHOTO NUMÉRIQUE ?

La photo numérique constitue un mariage entre la photo traditionnelle et l'électronique. Le premier appareil commercialisé en 1981 était le Mavica de Sony. Plutôt que d'enregistrer l'image sur une pellicule, il enregistrait l'image sur une bande magnétique. D'autres compagnies ont emboîté le pas depuis, mais tous les systèmes présentaient des lacunes dans la résolution de l'image ainsi obtenue.

En 1992, Kodak présente le Photo CD, qui représente une étape décisive dans l'histoire de la photographie. Ce système permet l'utilisation de films conventionnels, mais au lieu de le faire développer normalement, on le fait graver sur un disque compact. Avec le lecteur approprié, on peut ensuite regarder ses photos sur un écran de télévision ou sur un moniteur d'ordinateur. Un disque peut contenir une centaine d'images à très haute résolution et celles-ci peuvent être imprimées à partir d'imprimantes thermales d'une qualité équivalente à un tirage conventionnel.

Depuis, la photo numérique s'est développée à une vitesse folle, particulièrement au cours des dernières années, et ce, parallèlement avec la micro-informatique.

QUELLE EST L'ORIGINE DES PRODUITS DE BEAUTÉ ?

Il y a plus de 5 000 ans, les Égyptiennes et les Égyptiens utilisaient déjà différents produits de maquillage. Comme ces produits étaient préparés à la main, ils étaient rares, coûtaient très cher et n'étaient accessibles qu'aux riches. En Grèce, il y a 2 000 ans, la mode pour les femmes était au teint très pâle. Elles s'enduisaient le visage d'une poudre blanche à base de céruse. Ce produit étant un poison, il pouvait, à la longue, causer divers problèmes, dont la paralysie, la perte de la vue et même la mort. Les Romains utilisaient aussi le céruse pour se blanchir le visage. Ce sont les Croisés qui ont ramené ce produit en France. Celui-ci a été interdit en 1915.

À la Renaissance, en Italie, c'est la belladone qui faisait des ravages. On utilisait le suc de cette plante comme gouttes pour les yeux, en raison de sa propriété de dilater les pupilles et de donner de l'éclat au regard. Utilisée trop fréquemment, la belladone pouvait causer des problèmes de vision irréversibles. C'est d'ailleurs à cette époque que les femmes commencèrent à utiliser du rouge à lèvres... à base de chenilles mexicaines écrasées.

Au XVIIe siècle, on utilisait le chlorure de mercure — un poison virulent! — comme base maquillante parce qu'il avait la particularité d'éliminer les taches de rousseur.

COMBIEN D'ÉTATS LA MATIÈRE PEUT-ELLE AVOIR ?

La matière peut avoir trois états: solide, liquide et gazeux. À l'état solide, la matière possède un volume et une forme définis. À l'état gazeux, elle n'a ni volume ni forme fixes. À l'état liquide, elle possède un volume défini, mais une forme variable. L'exemple le plus simple serait celui du cube de glace (solide) qu'on chaufferait. Il se transformera graduellement en eau (liquide). Si on continue de la chauffer à une température suffisante, elle s'envolera en vapeur (gazeux).

QUELLE EST LA DIFFÉRENCE ENTRE LA FUSION ET LA FISSION NUCLÉAIRES ?

C'est en bombardant un noyau avec un neutron qu'on crée la fission nucléaire. Cela provoque une réaction en chaîne, où le noyau se brise, formant de nouveaux neutrons et dégageant une formidable quantité d'énergie. Les centrales nucléaires fonctionnent sur ce procédé, en utilisant des réactions en chaîne contrôlées. Par opposition, les bombes atomiques sont des réactions en chaîne non contrôlées. Pour sa part, la fusion nucléaire consiste à combiner deux noyaux pour en former un plus gros. Cela nécessite des températures très élevées et dégage encore plus d'énergie que la fission. C'est la fusion qui est à la base de la bombe à hydrogène. En raison de ses capacités énergétiques, on fait d'ailleurs des recherches intensives pour utiliser la fusion contrôlée comme source d'énergie.

L'emploi de l'hydrogène, élément le plus répandu, présenterait l'avantage d'être moins coûteux, beaucoup plus sûr et ne causerait pas de radioactivité.

À quand remonte la création du Ku Klux Klan ?

La première organisation remonte à 1865, aux États-Unis, soit juste après la guerre de Sécession. Pour ne pas être reconnus, les membres portent une cagoule blanche et une tunique. Le KKK est alors composé d'anciens soldats de l'armée sudiste qui n'acceptent pas le principe de l'égalité des Noirs. Pour les empêcher de prendre part aux élections, ils mettent sur pied des campagnes de terreur, procèdent à des enlèvements et à des exécutions. Dissous en 1869, il revint en force en 1915, prenant pour cible, en plus des Noirs, les Juifs, les immigrants et les catholiques. Le mouvement connaît un autre déclin dans les années 30, mais recommence à se manifester dans les années 60. Aujourd'hui, il s'agit d'une puissante organisation qui a des ramifications au Canada.

Pourquoi la découverte du feu est-elle si importante ?

L'homme a appris à maîtriser le feu il y a de cela 450 000 ans. Ce fut la première source d'énergie qu'il pouvait utiliser à son profit. Cela lui permit de commencer à manger des aliments cuits, ce qui a sûrement eu des conséquences sur son organisme et les conditions d'hygiène. Cela lui a aussi permis de se réfugier de plus en plus profondément dans des grottes pour éviter les carnivores et aussi pour se mettre à l'abri du froid. Cela a certainement eu des conséquences d'ordre social, le foyer devenant le lieu autour duquel se regroupaient les familles. De plus, le rythme de la vie quotidienne a changé, dans la mesure où la vie n'était plus réglée par le lever et le coucher du soleil. Tous ces éléments réunis en font probablement un des événements les plus importants de l'histoire de l'évolution de l'humanité.

Quand l'homme a-t-il commencé à se construire des abris ?

Les hommes qui vivaient dans des régions montagneuses pouvaient s'abriter dans des grottes. Par contre, ceux qui vivaient dans la plaine n'avaient pas cette chance. Les vestiges des plus vieux abris ont été retrouvés dans le nord de la Tanzanie, en Afrique, et datent de près de 1,8 million d'années. Très rudimentaires, il s'agit d'empilages de galets sur lesquels on disposait des poteaux qui, eux, soutenaient un toit fait de branchages.

Quelle est l'origine de la dentisterie ?

Pour en arriver au cabinet de dentiste que nous connaissons aujourd'hui, il a fallu une foule d'étapes qu'il serait trop long de recenser. Parmi les plus marquantes, nous avons retenu celles qui suivent.

Anciennement, les arracheurs de dents chinois s'astreignaient à des exercices très difficiles pour donner de la force à leurs doigts… qu'ils utilisaient comme instruments. La première pince dentaire aurait vu le jour en Grèce, au IIe siècle av. J.-C. C'est aussi en Grèce que l'on a retrouvé la plus vieille prothèse dentaire, dans une tombe, à Tanagra. Elle date du IIIe siècle av. J.-C. Il s'agit d'une prothèse en quatre éléments, qui servait à remplacer les deux incisives latérales, et qui était maintenue en place par les deux incisives centrales. Le premier dentifrice connu était un mélange de miel, de sel, de vinaigre et de verre pilé. Contre la carie, on recommandait de se rincer la bouche avec de l'urine. Cet usage dura jusqu'au XIXe siècle.

Pour leur part, les « plombages » sont une découverte d'un médecin arabe du IXe siècle qui, lui, utilisait de l'or pour obturer les cavités causées par la carie. Cette méthode fut utilisée en Europe jusqu'au XVe siècle. Graduellement, les alliages utilisés furent modifiés jusqu'à ceux que nous connaissons aujourd'hui. Pour ce qui est des dentiers, ceux-ci étaient sculptés dans des os d'animaux et les deux parties, retenues en place avec du fil de métal. Ils devaient être changés tous les deux ans, parce qu'ils jaunissaient et dégageaient une odeur nauséabonde. À la fin du

XVIIIe siècle, on commença à les remplacer. Les premiers dentiers en porcelaine apparurent aux États-Unis, en 1817.

Au VIIe siècle, Paul d'Égine, un chirurgien, pratiquait déjà une forme rudimentaire d'orthodontie et arrivait à redresser des dents. Que de chemin parcouru !

PEUT-ON VOYAGER DANS LE TEMPS ?

Il existe toute une littérature et des films concernant les machines à voyager dans le temps. Malheureusement — ou heureusement —, ce n'est que de la science-fiction. Rien dans l'état des recherches scientifiques actuelles ne permet de prévoir que cela puisse se produire dans un avenir rapproché. Et si c'était possible, il n'est pas non plus évident que cela pourrait être souhaitable.

Par contre, la littérature, le cinéma et l'imagination permettent de faire des voyages dans le temps qui présentent l'intérêt d'être accessibles à tous.

POURQUOI LES SERPENTS CHANGENT-ILS DE PEAU, ET NOUS PAS ?

À mesure que les serpents grandissent, leur peau, même si elle est élastique, les enferme comme dans un étui. Quand ils muent, ils se débarrassent tout simplement de cette couche de peau au profit d'une nouvelle qui s'est développée sous la première. Quand le moment est venu, ils se frottent sur des branches ou des pierres. La vieille peau commence par se détacher au niveau des mâchoires. En continuant de se frotter, ils se débarrassent complètement de la vieille, un peu comme nous enlèverions une chaussette ou un gant en le retournant à l'envers. La peau humaine subit aussi certaines formes beaucoup plus subtiles de mue, mais elle est fabriquée au gré des besoins de notre croissance et nous n'avons pas à en changer de façon aussi radicale.

QUI ÉTAIENT LES INDIENS PUEBLOS ?

En réalité, les Indiens pueblos désignaient plusieurs tribus sédentaires du sud-ouest des montagnes Rocheuses. Le nom leur fut donné par les Espagnols parce qu'ils vivaient dans des villages — *pueblo*, en espagnol —, par opposition aux tribus nomades. Ces Indiens se divisaient en fait en trois grands groupes : les Hohokam, les Anasazi et les Mogollon. C'étaient, pour la plupart, des cultivateurs. Ils habitaient dans des villages aménagés dans des grottes fortifiées ou dans des maisons construites avec des blocs.

QU'EST-CE QU'UNE DIASPORA ?

Le terme « diaspora » désigne la dispersion d'un peuple partout dans le monde, souvent pour des raisons de guerre ou de persécution. La diaspora chinoise est la plus nombreuse, puisque 60 millions de Chinois vivent en exil à l'extérieur de la Chine. Le peuple juif, pour sa part, est réparti dans différents pays — Israël, États-Unis, pays d'Europe, Russie — et sa diaspora compte plus de 12 millions de personnes.

DEPUIS QUAND FAIT-ON LA CULTURE DES PERLES ?

Le plus ancien collier de perles connu date de 350 ans av. J.-C. Ces perles étaient recueillies par des plongeurs qui devaient descendre jusqu'à 30 m sous l'eau, sans aucun équipement, souvent au risque de leur vie. Au siècle dernier, un Japonais, Mikimoto, se mit en frais de reproduire de façon artificielle le processus de création d'une perle. Il s'agissait tout simplement d'introduire un corps étranger à l'intérieur d'une huître perlière, puisque, naturellement, c'est ainsi qu'elle se forme. L'huître a une réaction de défense et sécrète la nacre, qui enveloppe ce corps étranger en couches successives qui finissent par former la perle. Pour cultiver les perles, on recueille donc des huîtres méléagrines, qu'on sème dans une baie tranquille, à peu de profondeur. Après quelques années, on les repêche pour y introduire une petite boule qui, quelques années plus tard, sera devenue une perle.

À QUAND REMONTENT LES JEUX OLYMPIQUES D'HIVER ?

En raison du succès international des Jeux olympiques, il fut décidé d'organiser une manifestation du même type pour les adeptes de sports d'hiver. Les premiers Jeux olympiques d'hiver ont donc eu lieu à Chamonix, en France, en 1924. Plus de 400 athlètes, provenant de 17 pays, participèrent à 20 compétitions différentes. Comme les Jeux olympiques, ils ont eu lieu tous les quatre ans. Cependant, cette fréquence sera bientôt portée à deux ans.

Pourquoi tant de romans sont-ils adaptés pour le cinéma ?

Au départ, pour tourner un film, il faut une bonne idée de base et un scénario qui raconte une histoire. Un scénariste peut donc partir d'une idée totalement originale et la développer. Par contre, la littérature — romans, pièces de théâtre, bandes dessinées — regorge d'histoires toutes faites et de personnages déjà connus. Il est donc relativement facile de s'inspirer d'une œuvre qui existe déjà soit pour en faire une adaptation, soit pour essayer de la reproduire le plus fidèlement possible. Cependant, l'adaptation au cinéma d'une œuvre littéraire célèbre n'assure pas nécessairement la réussite d'un film.

Les lecteurs de nouvelles à la télévision doivent-ils les apprendre par cœur ?

Il y a de cela plusieurs années, les lecteurs de nouvelles télévisées devaient souvent baisser la tête pour lire les textes qu'ils tenaient à la main. Aujourd'hui, quand vous voyez quelqu'un lire les nouvelles sans jamais quitter la caméra des yeux, c'est parce qu'on utilise un téléprompteur. Cet appareil, placé tout près de la caméra, fait défiler le texte de la nouvelle à la vitesse désirée. Le lecteur lit donc un texte sans que cela paraisse. En cas de panne du téléprompteur, il devra revenir à un texte écrit qu'il garde à portée de la main.

Quel est le travail d'un réalisateur de télévision ?

Le réalisateur d'une émission de télévision est généralement assis devant plusieurs écrans qui transmettent les images prises par chacun des cameramen. C'est lui qui les dirige en leur demandant des changements de cadrage ou des mouvements, et c'est lui qui décide quelle image sera transmise. Pour certains types d'émissions statiques, la tâche peut être simple, mais dans le cas d'émissions où de nombreuses caméras sont utilisées pour transmettre une multitude d'images en mouvements rapides, le travail peut s'avérer très exigeant. Pour ce qui est des personnes sur le plateau, une lumière rouge sur le devant de la caméra indique que c'est elle qu'il faut regarder.

QUELLE EST L'ORIGINE DES CROISADES ?

C'est le pape Urbain II qui, en 1095, a lancé un appel à toute la chrétienté afin d'aller libérer la Terre sainte des mains des Turcs. Cet appel, ainsi que la promesse du pardon des péchés et de la vie éternelle, a marqué le début d'expéditions militaires qui s'échelonnèrent sur plus de 200 ans. Comme les soldats se percevaient comme des représentants du Christ, ils prirent rapidement l'habitude de coudre des croix sur leurs vêtements et reçurent le nom de croisés. Par extension, leur expédition guerrière devenait une croisade. La première eut lieu dès 1096. Formée de pauvres qui décidèrent de ne pas attendre les nobles qui prenaient beaucoup de temps à se préparer, cette armée se fit massacrer par les Turcs. Les croisades subséquentes commencèrent à regrouper des chevaliers et des soldats de métier et connurent plus de succès. Jérusalem fut prise en 1099, mais il fallut continuer de la défendre. La croisade de 1212, faute de soldats de métier, était surtout constituée d'enfants. Quelques vaisseaux coulent en mer, les autres amènent les enfants à Alexandrie, où ils sont vendus comme esclaves. Malgré les nobles sentiments qui les animaient, les croisés en profitaient souvent pour massacrer des populations innocentes et pour s'enrichir par le pillage. En 1244, les Musulmans reprennent Jérusalem. La VIIIe et dernière croisade se termine en 1270, avec la mort de Louis IX, le dernier roi européen à toujours croire à la cause.

COMMENT EST NÉE HOLLYWOOD ?

Jusqu'en 1910, Hollywood n'était qu'un petit village. En cette année, la population vota en faveur d'un rattachement à la ville de Los Angeles pour pouvoir profiter du système d'approvisionnement en eau potable. En 1911, Al Christie, propriétaire de la compagnie de production Centaur, y créa le premier studio, puisque dans cette région de la Californie on pouvait tourner des westerns en décor naturel. Graduellement, plusieurs compagnies vinrent s'y installer.

En 1913, Cecil B. de Mille commença à y attirer différentes compagnies qui gravitaient autour du monde du cinéma, des fabricants de caméras et de pellicule, entre autres. En 1915, le lancement de la superproduction *Naissance d'une nation*, de D. W. Griffith, marquait le début de l'âge d'or de Hollywood.

QUE FAIT UN PRODUCTEUR DE CINÉMA ?

Le producteur de cinéma est une personne qui investit dans le tournage de films ou qui trouve les sommes nécessaires. Cela lui confère de grandes responsabilités et lui donne en même temps un grand pouvoir sur le tournage. En plus d'accepter ou de refuser des projets que lui soumettent des réalisateurs, il peut décider de modifier des scènes qu'il jugera trop coûteuses à tourner, ou imposer des modifications. Si un pépin se produit en cours de route, le producteur perdra sa mise de fonds et devra quand même rembourser les sommes que les banques lui auront avancées. Un producteur comme Steven Spielberg, en raison du succès que ses films ont connu, n'a plus de difficulté à amasser les fonds pour ses nouvelles productions. Par contre, Francis Ford Coppola a eu beaucoup de difficultés à trouver des fonds après le tournage de *Apocalypse Now* à cause des coûts de tournage qui dépassèrent de beaucoup les prévisions.

AU CINÉMA, QU'EST-CE QU'UN PRODUCTEUR ASSOCIÉ OU DÉLÉGUÉ ?

Quand une compagnie investit une grosse somme dans un tournage de film, elle tient généralement à voir comment les choses se déroulent. Un producteur associé est donc délégué par un coproducteur pour s'assurer que l'argent est bien dépensé. Son rôle est défini par contrat et, surtout quand le producteur est jugé fiable, il ne se présentera qu'occasionnellement sur les lieux du tournage.

POURQUOI LES ALIMENTS BIOLOGIQUES COÛTENT-ILS PLUS CHER ?

L'agriculture dite biologique représente un phénomène encore marginal. En France, par exemple, elle représente moins de 1 % de la production globale. Souvent faites de façon artisanale, les cultures doivent être régulièrement contrôlées puisqu'on n'utilise pas de produits chimiques pour combattre les parasites. De plus, les gens qui font de l'agriculture biologique ne reçoivent généralement pas de subventions du gouvernement. Comme ces produits sont plus dispendieux à produire, ils ne sont pas non plus disponibles partout et cela contribue à leur coût élevé.

Qu'était la Révolution verte ?

La Révolution verte, lancée en 1966, avait pour but de venir en aide aux pays du Tiers-Monde en leur permettant de devenir autosuffisants sur le plan alimentaire. L'intention semblait bonne, mais le projet a échoué partout, sauf en Inde. Premièrement, les pays visés ont dû procéder à des emprunts massifs pour l'achat des semences et de l'équipement. Deuxièmement, cela a créé du chômage massif dans les zones rurales, puisque les expériences furent faites sur de grandes exploitations, au détriment des paysans pauvres. Troisièmement, cela a créé un appauvrissement des sols à cause de l'utilisation massive d'insecticides et de produits chimiques.

Quand eut lieu le tremblement de terre qui détruisit San Francisco ?

Le 18 avril 1906, à 5 h 13 précises, la terre se mettait à trembler à San Francisco. D'une magnitude de 8,25 à l'échelle Richter, ce tremblement de terre dévasta la ville en quelques minutes. Comme les canalisations de gaz avaient été rompues, un gigantesque incendie détruisit 28 000 immeubles du quartier commercial. Il fit 452 victimes et 250 000 sans-abri.

Depuis quand les Corn Flakes existent-ils ?

Les fameux Corn Flakes de Kellog ont été commercialisés au début du siècle. Les deux frères Kellog, qui travaillaient dans un sanatorium de Battle Creek, au Michigan, avaient fait toutes sortes d'expériences pour essayer d'améliorer le menu des malades. Celui-ci était composé en grande partie de céréales, puisque c'était un hôpital réservé aux membres des Adventistes du septième jour, qui sont végétariens. C'est de cette façon qu'ils découvrirent les céréales soufflées. Le cadet des frères

Kellog fonda alors la Battle Creek Toasted Corn Flake Company et le succès des Corn Flakes fut immédiat. Ce fut probablement une bonne idée de marketing que de changer plus tard le nom de la compagnie pour Kellog.

QUELLE EST L'ORIGINE DE L'ORDINATEUR ?

Pour retracer toutes les étapes qui ont conduit l'homme à développer l'ordinateur, il faut remonter à 3 000 ans av. J.-C., soit à l'époque de l'invention de l'*abaque*. D'origine babylonienne, l'abaque était une tablette recouverte de sable fin et sur laquelle on traçait les chiffres au moyen d'un stylet. L'abaque prit ensuite la forme d'un boulier qui permettait de faire des additions, soustractions, divisions et multiplications. Ce boulier est encore utilisé dans certaines régions de la Chine et du Japon.

En 1624, l'Allemand Schickard inventa une machine à calculer qu'il baptisa *horloge à calculer.* Vint ensuite la *pascaline,* inventée par Blaise Pascal en 1642, suivie en 1671 d'une pascaline plus évoluée, développée par l'Allemand Leibniz. Cette dernière faisait les quatre opérations de base, en plus d'extraire les racines carrées. Jusqu'à ce moment, toutes ces machines étaient mécaniques.

En 1835, Charles Babbage, un Anglais, présenta un système à roues dentées et à cartes perforées. La machine ne fonctionna jamais réellement, mais elle est reconnue aujourd'hui comme l'ancêtre de l'ordinateur. Vinrent ensuite l'*ordinateur à tube* ABC (1939), la machine de Turing, appelée *Colossus* (1943), qui servait à lire les messages codés des Allemands, les *calculateurs binaires* de l'Allemand Zuse, détruits en 1944, lors des bombardements de Berlin.

En 1946, Mauchly et Presper mettaient la touche finale à l'ENIAC, le premier *calculateur universel électronique*. Avec ses 30 tonnes, ses 160 m^2 et ses 18 000 tubes, c'était le premier appareil connu sous le nom d'*ordinateur,* bien que le terme n'ait été inventé qu'en 1955 par le professeur Perret, un Français.

OÙ TROUVE-T-ON LES TRAMWAYS ?

Il est difficile d'en trouver, puisque dans les grands centres urbains dotés d'un système de transport en commun, le tramway a été graduellement remplacé par l'autobus, plus rapide, plus souple. Le tramway était alimenté à l'électricité et se déplaçait sur des rails. Certaines villes comme San Francisco, aux États-Unis, ont conservé un petit circuit de tramway qui sert à transporter les touristes dans certains quartiers typiques de la ville.

QUI HABITAIT LES ANTILLES AVANT L'ARRIVÉE DE CHRISTOPHE COLOMB ?

Avant l'arrivée de Christophe Colomb, deux peuples se partageaient les Antilles : les Arawaks et les Caraïbes. Les Arawaks occupaient les Grandes Antilles (Cuba, Jamaïque, Porto Rico et Saint-Domingue) et les Caraïbes peuplaient les petites Antilles (Bahamas, Guadeloupe, Martinique et Grenade). Alors que les Arawaks étaient un peuple de cultivateurs, les Caraïbes étaient de redoutables guerriers qui se livraient même au cannibalisme. Pour cette raison, les Espagnols évitèrent les petites Antilles pendant plusieurs années. Les Arawaks, qui étaient plus d'un million et demi en 1492, cohabitèrent pacifiquement avec les Espagnols pendant quelques années. Victimes d'abus, opprimés, utilisés comme des esclaves, ils se révoltèrent et furent exterminés en moins d'une trentaine d'années. Les survivants furent métissés de force avec les esclaves noirs qui furent importés pour les remplacer. Au siècle suivant, Français, Hollandais et Anglais colonisèrent les petites Antilles et exterminèrent rapidement les Caraïbes.

QUELLE EST L'ORIGINE DU JEANS ?

Il se produit des centaines de millions de paires de jeans chaque année, le plus grand producteur étant la France, suivie des États-Unis, de la Thaïlande et de l'Espagne. D'après la légende, c'est l'Américain Oscar Levi-Strauss qui inventa le blue-jean. Associé dans une compagnie de confection de vêtements, il aurait eu l'idée géniale, en 1848, d'acheter un stock de tentes usagées qui étaient destinées à l'armée américaine, pour en faire des vêtements de travail très résistants, destinés aux chercheurs d'or. Le tissu utilisé pour la confection de ces tentes provenait de France, de Nîmes plus précisément, et fut rebaptisé *Denim*.

Par contre, certains prétendent que le blue-jean existait déjà bien avant 1848 et que les cow-boys en portaient déjà. Comme personne ne peut en fournir de preuve, la paternité du blue-jean est donc accordée à M. Levi-Strauss.

Quelle est la vitesse maximum d'un objet en chute libre ?

En chute libre, les corps subissent une accélération constante due à la force d'attraction gravitationnelle de la Terre. L'accélération est d'environ 10 m/s (32 pi/s) chaque seconde. Cela signifie que si nous laissons tomber une balle du haut d'un gratte-ciel, sa vitesse sera de 10 m/s (32 pi/s) la première seconde, de 20 m/s (64 pi/s) la deuxième seconde, de 30 m/s (96 pi/s) la troisième seconde, et ainsi de suite. Après une minute de chute, la balle atteindrait donc la vitesse de 1 080 km/h (670 m/h). Le poids de l'objet et sa forme n'ont aucun effet sur cette vitesse quand l'expérience est faite sous vide. Une plume et une pièce de monnaie tomberont à la même vitesse.

Que sont les Manuscrits de la mer Morte ?

Les Manuscrits de la mer Morte sont des textes religieux qui ont été retrouvés par hasard, depuis 1947, dans des grottes situées près de la mer Morte. Ces manuscrits, écrits en hébreu, datent de deux siècles av. J.-C. Leur particularité la plus intéressante est d'apporter des précisions sur les origines du christianisme. Ce sont des rouleaux de parchemin de 20 cm de largeur et de plusieurs mètres de long, conservés dans des jarres en terre cuite et dans un état de conservation étonnant.

Est-il vrai que les Mayas étaient de bons astronomes ?

Les Mayas étaient d'excellents astronomes. Ils avaient élaboré un calendrier extrêmement précis et savaient que la Terre tournait autour du Soleil en un peu plus de 365 jours. Ils connaissaient les cycles de la Lune, savaient calculer avec précision les équinoxes et les solstices, et construisaient des cadrans solaires.

LES VILLES ROMAINES RESSEMBLAIENT-ELLES À NOS VILLES ?

Grâce à des vestiges qui datent de l'ère romaine ainsi que des descriptions laissées par des auteurs, on connaît assez bien la configuration des villes du temps. Généralement, les riches habitaient des villas construites sur des collines. Au pied de celles-ci s'étendait la ville, souvent construite autour d'une place centrale, appelée forum, et qui tenait lieu de place publique et de marché. Les maisons étaient généralement construites en bois et pouvaient avoir jusqu'à quatre étages. Au rez-de-chaussée de ces maisons, se trouvaient les boutiques qui donnaient directement sur la rue. Dans les thermes, on retrouvait des bains publics, des gymnases et des bibliothèques. Rome avait son système d'égouts, mais on jetait les ordures ménagères par la fenêtre. Les rues étaient étroites et il y avait souvent des embouteillages. À une certaine époque, Jules César y fit même interdire la circulation des charrettes le jour.

POURQUOI LES CUISINES NATIONALES DES PAYS DU MONDE SONT-ELLES DIFFÉRENTES ?

Toutes les cuisines nationales se sont constituées à partir d'aliments trouvés localement. Aujourd'hui, grâce aux croisements et à la culture en serre, il est devenu possible de cultiver à peu près n'importe quoi, à peu près n'importe où, mais ce ne fut pas toujours le cas. Jadis, les cultures variaient considérablement en fonction des climats et des types de terres. C'est pour cette raison que le riz est devenu un aliment de base en Asie, alors que le blé connaissait le même sort dans les pays de l'Afrique du Nord. De la même façon, les desserts à base de sirop d'érable sont typiquement québécois pour la simple et bonne raison que c'est chez nous que l'on trouve les érables qui servent à la production. Il en va de même pour les variétés de viandes, de poissons ou d'épices.

LES HAMBURGERS SONT-ILS MAUVAIS POUR LA SANTÉ ?

En soi, le hamburger ne représente pas une nourriture malsaine. Comme dans bien d'autres domaines, c'est l'abus qui peut avoir des conséquences néfastes à la longue. En effet, la viande hachée entrant dans la composition du hamburger est très riche en protéines animales et en calories. De plus, dans les *fast food*, il est souvent accompagné de boissons gazeuses et de frites. À la longue, un régime à base de hamburger risque de faire gagner du poids, de fatiguer le cœur et d'entretenir la paresse digestive. De plus, les graisses animales qu'il contient ne sont pas ce qu'il y a de mieux pour la composition du sang.

QU'EST-CE QUE L'AQUACULTURE ?

L'aquaculture est une méthode d'élevage relativement récente chez nous et qui consiste à utiliser le milieu marin pour élever des poissons ou pour cultiver des plantes aquatiques. Le but ultime de l'aquaculture est de fournir de la nourriture tout en aidant à sauver des espèces de la disparition. Ce sont les Asiatiques qui ont élaboré cette méthode pour, entre autres, la culture des algues comestibles. Aujourd'hui, en plus des algues, on retrouve des élevages de poissons d'eau douce comme la truite, ainsi que de poissons de mer comme la sole, le turbot et le saumon. L'élevage en bassin permet de mieux contrôler la qualité du poisson et la pêche est beaucoup moins dispendieuse. De plus, on peut utiliser ces poissons pour ensemencer des lacs ou des rivières, où ils n'existent plus à l'état sauvage.

POURQUOI CERTAINS PAYS ONT-ILS AUTANT DE DIFFICULTÉ À SE DÉVELOPPER ?

Certains pays en voie de développement semblent en effet éprouver beaucoup de difficulté à se développer : pauvreté, famine, maladie, surpopulation représentent des obstacles qui semblent infranchissables dans certains cas. Souvent, ces mêmes pays doivent des sommes d'argent considérables aux pays riches et n'ont plus la capacité d'emprunter pour régler certains de leurs problèmes les plus pressants. Ajoutez à cela les guerres civiles et les chefs d'État corrompus qui gouvernent pour accroître leur fortune personnelle, et vous comprendrez mieux les difficultés insurmontables auxquelles sont acculés certains pays. Les pays riches commencent à reconnaître de plus en plus leurs torts dans cette situation et un mouvement semble vouloir se dessiner pour trouver des solutions à l'échelle planétaire.

Quelle est l'origine du piano ?

Le piano tel que nous le connaissons a pour ancêtres l'épinette et le clavicorde. Ces deux instruments, eux-mêmes des versions améliorées d'instruments plus anciens, sont apparus au XVe siècle, pendant la Renaissance. Des modifications subséquentes y furent apportées et donnèrent naissance au clavecin, qui utilisait toujours le principe des cordes pincées. C'est vers l'année 1710 que des recherches furent entreprises pour améliorer la sonorité et l'expression de ces instruments à clavier. Presque simultanément, un Français, Marius, un Allemand, Schroeter, et un Italien, Cristofari, eurent l'idée du principe du marteau qui viendrait frapper les cordes. De cette façon, et contrairement au clavecin, le son produit dépendrait de la force exercée en pesant sur les touches. De plus, on conçut la sourdine pour amortir les sons.

Vers 1750 naissait le *pianoforte*, dont le nom fut rapidement abrégé en piano, et qui était l'œuvre de Godefroy Silbermann. C'est à partir de ce moment que cet instrument fut accepté de façon quasi universelle. Dans les années qui suivirent, quelques modifications mineures furent encore apportées, mais le piano tel qu'on le connaît maintenant était bel et bien né.

Quel est le plus grand bateau au monde ?

Au rythme où sont construits les pétroliers géants, les records ne durent pas très longtemps. Aux dernières nouvelles, le Happy Giant faisait 566 m de long, après que les Japonais l'eurent acheté et allongé de 81 m. À titre comparatif, le plus grand cargo, le Berge-Stahl, lancé en 1986, ne mesure que 343 m, alors que les plus gros navires de guerre sont les cuirassés Missouri et Wisconsin, qui font chacun 270 m. Du côté des paquebots, celui qui détient le record est le Monarch of the Sea, dont nous n'avons pas la longueur mais qui dépasse d'une bonne tête le Norway, avec ses 316 m.

Comment les brise-glace brisent-ils la glace ?

Les brise-glace sont équipés d'une proue en acier et opèrent de deux façons pour briser la glace. La première et la plus simple consiste tout simplement à fendre la glace en avançant sur elle, de façon à la séparer en morceaux. Quand ce n'est pas suffisant, et si le bateau réussit à atteindre une certaine vitesse, la proue glisse sur l'obstacle, se soulève hors de l'eau et monte sur celui-ci. C'est alors le poids du navire qui brise la glace.

Pourquoi les couteaux de table ont-ils des bouts ronds ?

Les bonnes manières à table n'ont pas toujours été ce qu'elles sont aujourd'hui. On dit que c'est Louis XIV, roi de France, qui aurait décidé que les couteaux de table devraient dorénavant avoir un bout arrondi. Il semble qu'il en avait assez de voir les gens se poignarder autour de la table pendant les banquets, ou de voir ceux-ci se curer les dents avec la pointe de leurs couteaux.

Pourquoi y a-t-il des trous dans certains types de fromages ?

Dans les fromages de type suisse ou gruyère, les trous sont le résultat de la digestion des bactéries. En effet, pour fabriquer ces fromages, on utilise certains types de bactéries qui agissent sur une longue période de temps. Ces bactéries absorbent les sucres contenus dans le lait, les digèrent lentement avant d'émettre de petites bulles de gaz qui restent emprisonnées à l'intérieur de la pâte du fromage. Comme cela se produit après que le fromage a été recouvert de sa croûte, qui est étanche, les petites bulles ne peuvent plus se faire un chemin vers la surface.

Quelle est l'origine du vélo ?

C'est en 1790 que naquit le premier ancêtre du vélo. Imaginé par le comte de Sivrac, il s'agissait du *célérifère*. C'était une monture en bois à deux roues, qui ne comportait aucun moyen de direction ou de propulsion. Pour le faire avancer, il fallait pousser sur le sol avec ses pieds. Le succès fut modeste.

En 1817, le noble allemand Carl von Drais von Sauerbronn présenta un nouveau modèle, qui fut rapidement baptisé la *draisienne*, et qui reprenait le même principe. Par contre, cette fois-ci, on la guidait au moyen d'un gouvernail.

Ce n'est qu'en 1861 que deux inventeurs parisiens, Pierre Michaux et son fils Ernest, inventèrent le pédalier, qui était fixé sur le moyeu de la roue avant. Quatre ans plus tard, les Michaux vendaient plus de quatre cents *vélocipèdes*.

En 1869, un Français, Guilmet, inventait le principe de la chaîne, qui transmettait le mouvement du pédalier à la roue arrière. Mais il mourut l'année suivante. En 1879, l'Anglais Harry Lawson relança l'idée et en 1885, le produit était commercialisé, marquant ainsi la naissance officielle de la bicyclette telle que nous la connaissons aujourd'hui. L'année 1889 marqua l'invention du dérailleur, qui fut perfectionné en 1911 et en 1925. Depuis, on ne fait que raffiner des éléments déjà existants pour rendre les bicyclettes de plus en plus légères et résistantes.

Le saviez-vous ?

L'Américain John Howard a atteint la vitesse de 245 km/h à bicyclette, sur le Grand Lac Salé, en suivant une voiture qui le protégeait du vent et qui l'aspirait à sa suite.

Pourquoi la découverte du feu représente-t-elle un événement aussi important ?

L'homme a appris à maîtriser le feu il y a de cela 450 000 ans. Ce fut la première source d'énergie qu'il réussit à utiliser à son profit. Cela lui permit de commencer à manger des aliments cuits, ce qui a eu des conséquences sur son organisme et sur les conditions d'hygiène. Grâce à la lumière qu'il procurait, cela lui a aussi permis de se réfugier de plus en plus profondément dans les grottes pour éviter les grands carnivores et pour se mettre à l'abri du froid. Cela a donc eu des conséquences d'ordre social, puisque le foyer est devenu le lieu autour duquel se regroupaient les familles. De plus, le rythme de la vie quotidienne changea dans la mesure où la vie n'était plus réglée par le lever et le coucher du soleil. On pouvait maintenant avoir des activités avant ou après le coucher du soleil. Tous ces éléments réunis en font sans nul doute un des événements les plus importants de l'histoire de l'évolution de l'humanité.

Les chutes Niagara sont-elles les plus hautes du monde ?

Les chutes Niagara présentent un spectacle assez impressionnant en raison de leur volume, mais elles n'ont que 47 m de hauteur. Comparées aux chutes Salton Angel, sur la rivière Carrao, au Venezuela, elles font même figure de naines, puisque ces dernières font 979 m de hauteur.

Quelles sont les principales religions ?

Les trois principales religions monothéistes — croyance en un seul dieu — sont le judaïsme, le christianisme et l'islam. Les autres grandes religions sont polythéistes — croyance en plusieurs dieux — ou reposent sur des principes moraux. Ce sont l'hindouisme, qui repose sur l'idée de la réincarnation, le confucianisme, qui est une doctrine philosophique, le bouddhisme (où l'atteinte du Nirvana permet d'échapper au cycle des réincarnations) et le taoïsme, qui est tant une philosophie qu'une religion.

Qu'est-ce qu'une Gorgone ?

Dans les légendes grecques, les Gorgones étaient trois sœurs, filles de Phorcys et de Ceto. Méduse, la plus célèbre, avait un aspect monstrueux et ses cheveux étaient des serpents. Elle pouvait transformer en pierre ceux qui la regardaient en face. L'expression « rester médusé » vient justement de la Gorgone Méduse, dont le regard avait aussi des effets hypnotiques.

Pourquoi le XXIe siècle ne commence-t-il pas en 2000 ?

Logiquement, on commence toujours à compter à un. Dans notre civilisation, l'an 0 représente l'année de la naissance du Christ. Le premier siècle ap. J.-C. s'étend donc de l'an 1 jusqu'en l'an 100. Le deuxième siècle commence donc en l'an 101, et ainsi de suite. Il en est de même pour les millénaires.

EXISTE-T-IL ENCORE DES SAMOURAÏ ?

Les samouraï constituaient une caste sociale dans le Japon du Moyen Âge et ils survécurent jusqu'en 1877, moment où tous leurs privilèges furent abolis par le gouvernement. Plus de 40 000 d'entre eux se révoltèrent. Malgré une lutte farouche, ils furent vaincus par les samouraï loyalistes assistés de l'armée impériale. Leur défaite fut décisive et marqua le passage d'une société féodale à une société plus moderne.

DEPUIS QUAND L'IRLANDE EST-ELLE PARTAGÉE EN DEUX ?

L'Irlande a connu un passé très troublé, qui a culminé en une guerre civile de trois ans, qui s'est terminée en 1921, et qui visait à obtenir l'indépendance. Le Parlement anglais a finalement donné son autonomie à l'Irlande du Sud, alors que l'Irlande du Nord, à majorité protestante, demeurait une possession de la Couronne britannique. On sait maintenant que cette solution n'en fut pas vraiment une, puisque les nationalistes irlandais continuent de réclamer l'indépendance totale pour toute l'Irlande.

QU'ÉTAIT LA PROHIBITION ?

À la suite d'un amendement à la Constitution des États-Unis votée en 1919, la fabrication et la vente de l'alcool furent interdites. Comme le pays était en pleine période de prospérité économique, les fabricants d'alcool et les bars clandestins proliférèrent, chacun essayant de profiter au maximum de la situation. Cela finit par causer des guerres entre divers gangs du crime organisé, qui voulaient s'approprier le monopole, et cette guerre atteint son paroxysme en 1926. Des personnages comme Al Capone et Elliott Ness sont intimement liés à cette période.

OÙ L'ATLANTIDE ÉTAIT-ELLE SITUÉE ?

C'est Platon (427-348 av. J.-C.) qui, le premier, a parlé de l'Atlantide, décrivant une fabuleuse civilisation, riche et très évoluée. Selon lui, elle s'éteignit à la suite d'un cataclysme. Depuis, on ne cesse d'en chercher les vestiges.

Selon les chercheurs, les hypothèses varient à l'extrême. Les uns la voient près des côtes de l'Amérique du Sud, tandis que d'autres la situent en plein Sahara. D'autres encore soutiennent qu'elle était située aux îles Açores, dans les Bahamas ou en Espagne. L'hypothèse la plus récente a été développée par le commandant Jacques-Yves Cousteau, qui la situe sur l'île de Santorin, près de la Crète, détruite en 1470 avant notre ère par une formidable éruption volcanique, possiblement la plus grosse de l'histoire récente de la terre. Quoi qu'il en soit, les recherches continuent.

Le déluge a-t-il vraiment eu lieu ?

La Bible nous dit que Dieu a décidé de supprimer le mal et d'anéantir l'humanité corrompue par un déluge qui dura 40 jours et 40 nuits. Ce récit semble être corroboré par une foule de textes anciens, de légendes indiennes et chinoises. En 1929, des découvertes archéologiques ont mis au jour des ruines englouties sous une épaisse couche sédimentaire, et ce, dans plusieurs parties du monde, laissant croire à la possibilité d'une inondation universelle. Certains prétendent que ce déluge aurait en réalité duré des milliers d'années et correspondrait à une période de réchauffement de la planète. En 1955, Fernand Navarra découvre les restes d'une structure en bois sur le mont Ararat, en Turquie. Des analyses au carbone 14 démontrent que le bois date de plus de 5 000 ans. Navarra est persuadé d'avoir trouvé l'arche de Noé. L'hypothèse est difficilement vérifiable, puisqu'il semble tout à fait impossible que le niveau de l'eau ait pu monter de 4 500 mètres, ce qui est la hauteur du mont Ararat.

Est-il vrai que la chirurgie crânienne est très ancienne ?

On a découvert en Europe, en Afrique et en Amérique du Sud des crânes vieux de 12 000 ans et qui portent des cicatrices causées par des trépanations. Des experts ont pu démontrer que certains patients ont survécu à ces opérations, quelquefois pendant de longues périodes de temps. Dans des îles du

Pacifique, des missionnaires anglais ont même été en mesure d'assister à de telles opérations, généralement effectuées sur des guerriers blessés au combat. À l'aide d'un coquillage tranchant, on fait sur le crâne un trou de 2 cm à 3 cm, laissant le cerveau à nu. On replace ensuite le cuir chevelu et on recouvre le tout d'un pansement en fibres de bananier. Il semble que 80 % de ces patients survivaient à l'opération.

Pourquoi les cubes de glace craquent-ils quand on les met dans du liquide ?

Le liquide a beau être très froid, il est toujours plus chaud que la glace qui sort du congélateur. Par conséquent, quand le cube est placé dans le liquide, il se produit un effet de stress entre le cœur du cube, très froid, et l'extérieur, qui est rapidement réchauffé. C'est cela qui fait craquer le cube.

Peut-on faire du combustible à fusée avec des produits courants ?

Pour pouvoir fabriquer du combustible pour propulser une fusée, il est possible de se procurer des produits courants. Par contre, ces produits devront avoir des propriétés explosives ou, à tout le moins, combustibles. Par conséquent, l'aventure peut s'avérer risquée et mener droit à la catastrophe. À déconseiller.

D'où vient le mot potager ?

Au Moyen Âge, on appelait « potage » l'ensemble des légumes que l'on faisait bouillir pour faire de la soupe, comme le navet, le chou, les poireaux et les carottes. Les paysans entretenaient donc à côté de leur maison un petit jardin où ils pouvaient cultiver tout ce qui entrait dans la composition de leur potage et qui prit graduellement le nom de potager. Le potage a aussi donné son nom à une soupe claire, à base de légumes.

Quelles sont les activités humaines qui entraînent la plus grande consommation d'eau ?

L'eau est aussi indispensable à l'homme que l'air et la lumière du Soleil. C'est l'irrigation des terres à des fins d'agriculture qui vient en tête du peloton, puisque près de 75 % de l'eau est utilisée à cette fin. Vient ensuite l'industrie. Malheureusement, ce sont là aussi les deux causes principales de pollution. L'eau qui sert à la culture est fortement polluée par les nitrates et les phosphates contenus dans les fertilisants, alors que les eaux usées des industries contiennent des déchets polluants en grande quantité.

Est-il plus écologique de prendre une douche ou un bain ?

Une douche consomme beaucoup moins d'eau qu'un bain, soit entre 10 L et 40 L, contre 40 L à 100 L pour un bain. Elle consomme aussi moins d'énergie parce que l'eau n'a pas à être aussi chaude que celle du bain pour un confort égal. De plus, les différents produits moussants qui sont utilisés dans un bain sont souvent polluants.

Quel est le nombre d'étages et la superficie du World Trade Center, à New York ?

Le World Trade Center constitue le plus grand édifice à bureaux au monde. Chacune des deux tours jumelles a une superficie de 406 000 m^2. Il y a 99 ascenseurs dans chaque tour pour desservir les 50 000 personnes qui y travaillent et les 90 000 visiteurs qui y passent chaque jour. La plus haute tour mesure 420 m de haut. Mais la plus petite, quand on inclut la longueur de l'antenne qui est sur son toit, fait 521 m.

Qu'est-ce que le nouvel âge ?

Le mouvement nouvel âge se caractérise surtout par une conception de la vie particulière. Il n'est pas facile d'en brosser un tableau, puisque ses adeptes prônent des théories et des croyances extrêmement variées. Beaucoup croient en la réincarnation, d'autres croient que l'être humain est doté de pouvoirs surnaturels qui sont à développer. Certains ne jurent que par le végétarisme et les médecines douces, alors que d'autres se disent en contact avec des extraterrestres. Le nouvel âge a même sa musique, dont le but est généralement de détendre, de permettre de méditer ou d'ouvrir les portes de l'inconscient. Par contre, la plupart de ses adeptes s'entendent pour reconnaître que toute matière vivante réagit avec les autres pour former un tout.

De quelle période parle-t-on quand on parle de préhistoire ?

Quand on étudie l'histoire de l'humanité, on appelle préhistoire toute la période qui va des origines jusqu'à la période historique. La période historique correspond au moment où un peuple a commencé à laisser des témoignages écrits. La préhistoire représente aussi la période où l'homme a évolué graduellement de la vie sauvage à la vie civilisée.

Quelles ont été les conséquences des feux dans les puits de pétrole du Koweit ?

Si les conséquences ont été assez catastrophiques au Koweit même, les conséquences à l'échelle mondiale ont été moindres que prévues. Le désert a été souillé, ainsi que les eaux du Golfe. À Koweit City, le taux de pollution a atteint et même dépassé celui des grandes villes industrielles, occasionnant une forte hausse des maladies respiratoires. Par contre, la fumée causée par les incendies ne s'est pas répandue dans l'atmosphère comme on le craignait.

Quels ont été les accidents nucléaires les plus graves ?

Les deux accidents nucléaires les plus graves à être survenus sont ceux de Three Mile Island, aux États-Unis, en 1979 et de Tchernobyl, dans l'ex-URSS, en 1986. Par contre, d'autres accidents nucléaires se sont aussi produits dans divers pays, dont l'Angleterre et la France, mais les conséquences ayant été moindres, on en a beaucoup moins parlé.

Quelle est la différence entre l'Angleterre et la Grande-Bretagne ?

Quand on parle de l'Angleterre, on parle d'un pays. Quand on parle de la Grande-Bretagne — et aussi parfois du Royaume-Uni —, on parle d'un ensemble de divisions administratives qui regroupent l'Angleterre, le Pays de Galle, l'Écosse et l'Irlande du Nord, appelée aussi l'Ulster, qui est un État libre depuis 1921. D'ailleurs, le nom officiel de la Grande-Bretagne est le Royaume-Uni de Grande-Bretagne et d'Irlande du Nord.

QUI SONT LES PLUS GRANDS CONSOMMATEURS DE JOURNAUX ?

Les plus grands consommateurs de journaux sont les Japonais. Ils consomment quotidiennement 71 millions d'exemplaires des 124 quotidiens qui sont à leur disposition, ce qui représente 578 exemplaires par 1 000 habitants. De ce nombre, le *Yomiuri Shimbun* imprime 13,9 millions de journaux chaque jour, suivi du *Asahi Shimbun*, avec 12,2 millions de copies et du *Mainichi Shimbun*, avec 6,2 millions d'exemplaires. En guise de comparaison, la Chine compte 247 quotidiens, mais leur diffusion est beaucoup moins importante.

QUE SONT LES ÉDULCORANTS ?

Il existe plusieurs types d'édulcorants de synthèse, le plus ancien étant la saccharine, dont l'usage n'est plus autorisé, le dernier en date étant l'aspartame. Leur rôle consiste à remplacer le sucre dans de nombreuses préparations alimentaires, dont les boissons gazeuses et les jus de fruits. Un tel produit permet d'abaisser la valeur calorique d'un aliment en diminuant la ration des glucides. Solubles dans l'eau, leur pouvoir sucrant varie. Les cyclamates ont un pouvoir sucrant de 30, alors qu'il est de 200 pour l'aspartame et de 300 pour la saccharine.

QUAND ON PARLE DE LA FRANCOPHONIE, DE QUELS PAYS EST-IL QUESTION ?

En 1960, lors de la décolonisation, un mouvement est né pour défendre la langue française et la culture de langue française à l'échelle internationale. Le mouvement vise aussi à maintenir les liens entre les pays francophones. Quand on parle de la francophonie, cela inclut donc une quarantaine de pays qui se répartissent sur les cinq continents.

QU'EST-CE QUE LE PATRIMOINE MONDIAL ?

En 1972, l'UNESCO a adopté une convention qui vise à protéger les biens et les sites culturels et naturels qui sont réputés avoir une valeur exceptionnelle. En 1989, 111 États avaient signé cette convention. La liste des sites s'allonge chaque année et le Canada en compte plusieurs, dont le périmètre historique de la ville de Québec, le parc des Dinosaures, en Alberta, où on trouve des vestiges de dinosaures, et le Parc historique national de l'Anse-aux-Meadows, à Terre-Neuve, où on trouve des vestiges de campements scandinaves datant du XIe siècle. L'appartenance à cette prestigieuse liste n'est cependant pas gage de sécurité. La vieille ville de Dubrovnik, dans l'ex-Yougoslavie, a presque été entièrement détruite depuis le début de la guerre civile qui ravage ce pays.

COMBIEN Y A-T-IL EU DE PAPES DEPUIS LE DÉBUT DU XXe SIÈCLE ?

Il y a eu neuf papes depuis le début des années 1900. Ce sont Léon XIII (1878-1903), Pie X (1903-1914), Benoît XV (1914-1922), Pie XI (1922-1939), Pie XII (1939-1958), Jean XXIII (1958-1963), Paul VI (1963-1978), Jean-Paul Ier (1978) et Jean-Paul II, élu en 1978.

COMBIEN Y A-T-IL EU DE MORTS LORS DE LA DEUXIÈME GUERRE MONDIALE ?

On estime entre 40 et 52 millions le nombre de pertes humaines, tant civiles que militaires, de la Seconde Guerre mondiale. Les pertes se répartissent ainsi :

Allemagne	4,5 millions
Belgique	89 000
Canada	41 000
Chine	8 millions
États-Unis	300 000
France	535 000
Grande-Bretagne	390 000
Grèce	500 000
Hongrie	450 000
Italie	300 000
Japon	2 millions

Pays-Bas	210 000
Pologne	5 millions
Roumanie	60 000
URSS	20 millions

De plus, on estime à près de 6 millions le nombre de Juifs qui ont péri dans les camps de concentration ou lors de massacres.

QUEL EST LE PLUS GRAND PAYS ET LE PLUS PETIT ?

Le plus vaste pays du monde est la Russie, avec ses 17 075 000 km^2. Il a presque le double de la superficie de ses plus proches concurrents, soit le Canada, la Chine et les États-Unis. Par contre, le plus peuplé est la Chine avec plus de un milliard d'habitants, soit le cinquième de la population mondiale. Le titre du plus petit revient au Vatican, qui fait 0,44 km^2 et compte 1 000 habitants, ce qui est bien moins que la principauté de Monaco, avec ses 2 km^2 et ses 27 000 habitants.

QUELS SONT LES PAYS LES PLUS PAUVRES ET LES PLUS RICHES ?

En 1987, le produit national brut était de 15 160 $ par habitant au Canada, qui occupait le 7e rang derrière la Suisse, les États-Unis, la Norvège, les Émirats arabes unis, le Japon et la Suède. Au bas de l'échelle, on retrouve l'Éthiopie, avec un PNB annuel de 150 $ par habitant, ce qui représente un écart énorme entre les plus riches et les plus pauvres.

QUI EST LE MEILLEUR PEINTRE AU MONDE ?

Il est impossible de répondre à une telle question. La peinture est un art et chaque peintre reproduit sa vision du monde à sa manière. Certains sont très connus, d'autres vendent leurs œuvres très cher alors que d'autres encore ne peuvent vivre de leur art. Mais ce qui importe quand nous regardons une peinture, c'est de la laisser nous parler, nous toucher. De cette façon, notre peintre préféré peut être quelqu'un de très connu et dont les toiles se vendent très cher, comme ce peut aussi bien être un parfait inconnu. Même si certaines toiles de Vincent Van Gogh se vendent aujourd'hui plusieurs dizaines de millions de dollars, son talent n'était pas reconnu de son vivant.

Pourquoi ne faut-il pas réveiller les somnambules ?

Il semble qu'environ 20 % des enfants entre cinq et sept ans sont victimes de somnambulisme, surtout quand ils sont très fatigués. C'est un phénomène qui s'estompe avec le temps. Quand on réveille un somnambule, il est généralement confus. Il est donc préférable de l'amener à s'étendre avant de le réveiller. Les seuls dangers du somnambulisme sont qu'une personne est susceptible de se blesser en se heurtant à un objet ou en tombant dans un escalier, par exemple. En cas de danger, on peut appeler doucement le somnambule pour l'attirer vers soi ou pour l'éloigner d'un obstacle. Pour éviter de faire des promenades de nuit dangereuses, des somnambules chroniques iront jusqu'à s'attacher à leur lit, condamner portes et fenêtres et tendre des cordes devant des endroits dangereux. Il existe des médicaments pour les somnambules de ce type, mais seulement pour les cas extrêmes.

Quel pays a remporté le plus de prix Nobel scientifiques ?

Depuis la création des prix Nobel en 1901, les savants et chercheurs des États-Unis en ont remporté plus de 150, dans les domaines de la physique, de la chimie et de la médecine. Le pays qui vient au deuxième rang, la Grande-Bretagne, en compte une soixantaine. Le Canada, pour sa part, en compte cinq: trois dans le domaine de la chimie, deux dans le domaine de la médecine.

Pourquoi y a-t-il des pays en voie de développement ?

Pendant des siècles, les Européens ont colonisé les pays du Tiers-Monde, la plupart du temps pour s'emparer de leurs richesses naturelles. Depuis le XIXe siècle, la décolonisation s'est accélérée et le départ des colonisateurs a laissé bien des pays avec une économie en piteux état. En 1985, le Tiers-Monde comptait 75 % de la population mondiale mais ne produisait que le sixième de la production mondiale. Pour aggraver encore la situation, les institutions internationales ont prêté beaucoup d'argent à des pays qui ne sont pas en mesure de rembourser leurs dettes aujourd'hui. Comme certains pays du Tiers-Monde ont réussi à s'industrialiser et à augmenter sensiblement le niveau de vie de leur population, on désigne aujourd'hui les pays pauvres comme pays en voie de développement.

Qu'est-ce qui produit la nappe d'eau que l'on voit sur la route, quand on roule en voiture ?

Ce phénomène se produit l'été quand le revêtement devient très chaud. Il s'agit tout simplement d'un phénomène de condensation et d'évaporation d'eau quand la chaussée devient beaucoup plus chaude que l'air ambiant. Au gré des inégalités de la route, cette nappe d'eau paraît plus ou moins épaisse, selon l'angle où on l'observe.

Pourquoi chaque pays a-t-il sa propre langue ?

Il existe à peu près trois mille langues et dialectes dans le monde. Comme les pays se sont formés originalement de gens partageant la même culture et le même langage, il n'est pas surprenant que chaque pays ait aujourd'hui sa propre langue. Par contre, la situation peut être encore plus compliquée quand on pense qu'à l'intérieur de certains pays très peuplés, comme l'Inde, la Chine ou la Russie par exemple, il existe une langue officielle, mais aussi une multitude de dialectes régionaux. Diverses tentatives ont été faites pour créer une langue universelle mais à ce jour, seul l'espéranto, créé en 1880, a connu un certain succès.

Quelle distance un sauteur en skis peut-il franchir ?

En 1936, Sepp Bradl, un jeune Autrichien de 18 ans, fut le premier à réussir un saut de plus de 100 m, à partir d'un nouveau type de tremplin. Depuis, les distances n'ont pas cessé d'augmenter, pour atteindre 180 m en 1989. Au moment du « décollage », le skieur a atteint une vitesse de près de 100 km/h. En plein vol, le plus grand danger vient du vent qui peut déstabiliser le skieur.

La balle courbe d'un lanceur de baseball est-elle une illusion d'optique ?

La balle courbe du lanceur de baseball n'est pas une illusion d'optique et la courbure varie en fonction de la technique de chaque lanceur. Il s'agit d'impliquer une rotation suffisante à la balle pour que celle-ci dévie de sa trajectoire. Cette rotation entraîne une baisse de pression inégale qui exerce une force sur un côté de la balle seulement. À 38 rotations par seconde, la balle déviera d'environ 50 cm en franchissant la distance qui sépare la main du lanceur et le marbre. Cet effet porte le nom d'effet Magnus en l'honneur d'un physicien allemand qui a effectué des recherches au XIXe siècle sur la rotation des projectiles.

Au tennis, existe-t-il des juges de lignes électroniques ?

Les pauvres juges de lignes qui doivent déterminer la validité des coups dans des tournois importants doivent souvent composer avec des balles qui se déplacent à plus de 200 km/h. À cette vitesse, la balle n'est souvent qu'une traînée floue. En 1978, on a mis au point un dispositif électronique appelé Cyclops, qui émet des rayons infrarouges. Contesté depuis 1980, on a commencé à tester un autre dispositif, appelé Accu-Call, où un dispositif électronique est intégré au filet et à la surface du court, envoyant des signaux à une console placée devant l'arbitre. Ce système est plus efficace, mais il ne peut pas être utilisé sur le gazon parce que l'humidité causerait des courts-circuits. D'ici quelques années, le procédé devrait être suffisamment raffiné pour qu'on puisse complètement se passer des juges de lignes.

Comment met-on le caramel dans la Caramilk ?

Pas besoin d'être un extraterrestre pour mettre le caramel dans la Caramilk, puisque le principe est finalement assez simple. Il s'agit d'utiliser une technique permettant de rendre le caramel dur avant de le passer dans un bain de chocolat fondu. Quand l'enrobage s'est solidifié, on chauffe le tout à 30 °C. Cette température ne fait pas fondre le chocolat, mais le centre en caramel ramollit, alors que l'enveloppe de chocolat demeure croquante.

QU'EST-CE QUE L'ÉCRITURE CUNÉIFORME ?

L'écriture cunéiforme est composée de caractères ayant la forme de clous ou de coins gravés dans la pierre ou dans des tablettes d'argile. Cette écriture date de 3 000 ans av. J.-C. et a été utilisée en Mésopotamie, en Syrie et en Perse. Elle a été graduellement remplacée par d'autres écritures et est disparue au début de l'ère chrétienne. Découverte au XVIe siècle par les Européens, ce n'est qu'en 1802 qu'on réussit finalement à la comprendre, permettant du même coup de comprendre plusieurs autres langues anciennes, dont le babylonien.

QU'A DE PARTICULIER LE MONT RUSHMORE ?

Situé dans le Dakota du Sud, aux États-Unis, le mont Rushmore a la particularité d'avoir une de ses parois sculptée à l'image de quatre présidents des États-Unis. Initié par Gutzon Borglum, le projet fut réalisé entre 1927 et 1941. Les quatre présidents représentés sont George Washington, Thomas Jefferson, Theodore Roosevelt et Abraham Lincoln. Chacune des têtes mesure en moyenne 18 m de haut. La sculpture a été réalisée à la dynamite et au marteau-piqueur. Des cylindres de granit placés dans les yeux modifient leur regard en fonction de la lumière du soleil.

COMMENT LA STATUE DE LA LIBERTÉ FUT-ELLE RESTAURÉE ?

C'est sur l'initiative de la France, qui avait originalement donné la statue aux Américains, que se fit la restauration au milieu des années 80. Celle-ci dura trois ans et coûta 69 millions de dollars. Entourée d'un immense échafaudage, on entra toutes ses caractéristiques sur ordinateur. Le nouveau flambeau fut recouvert de feuilles d'or 24 carats. La peinture intérieure fut entièrement refaite et on remplaça les traverses rouillées par des traverses en acier inoxydable. Les escaliers furent élargis et on y installa un ascenseur hydraulique avec une cage en verre.

QU'EST-CE QUE L'ARMÉE D'ARGILE DU TIGRE DE QIN ?

Le premier empereur de Chine, surnommé le Tigre de Qin, se fit ensevelir avec une armée de plus de 7 000 soldats en terre cuite. Chaque statue est grandeur nature et fut réalisée du vivant de l'empereur. De plus, elles n'ont pas été moulées, mais modelées individuellement. De cette façon, il n'y a pas deux figurines identiques. Le site du tombeau mesure 500 m de côté et est entouré de deux enceintes dont la plus grande mesure 2 km sur 1 km. Il a fallu au moins 700 000 ouvriers pour en réaliser la construction.

QUELLES SONT LES ŒUVRES ÉCRITES LES PLUS DISTRIBUÉES AU MONDE ?

On estime que 2,7 milliards d'exemplaires de la Bible ont été imprimés entre 1815 et 1984. Au deuxième rang, on retrouve le *Petit Livre rouge* de Mao Ze-Dong, vendu ou distribué à 800 millions d'exemplaires seulement entre 1966 et 1971. Il faut cependant ajouter que chaque Chinois était obligé d'en posséder un exemplaire...

QUAND LA PREMIÈRE GRÈVE A-T-ELLE EU LIEU ?

La première grève répertoriée comme telle a eu lieu à Rome en l'an 309 av. J.-C. C'est un chef d'orchestre grec nommé Aristos qui décida d'interrompre toute activité jusqu'à ce qu'il obtienne ce qu'il réclamait, soit une pause-repas pour ses musiciens et lui-même pendant les concerts.

DEPUIS QUAND LES CONCOURS DE BEAUTÉ INTERNATIONAUX EXISTENT-ILS ?

Le premier concours de beauté international a été organisé aux États-Unis en 1855. Le concours de Miss Monde a été mis sur pied en 1951 et celui de Miss Univers, en 1952. Le plus grand nombre de participantes au concours de Miss Univers fut 84 en 1988. Les candidates américaines ont remporté ce concours le plus souvent, soit six fois.

Dans quels pays consomme-t-on le plus d'alcool ?

Les derniers chiffres disponibles sur la consommation d'alcool datent de 1987. On y estimait que chaque habitant de la France consommait 13 L d'alcool pur par année, ce qui représente l'équivalent de 144 bouteilles de vin à 12 degrés. D'autres pays européens comme le Portugal avec 12,4 L, l'Espagne avec 11,6 L, l'Italie avec 11,3 L, suivaient la France de près. L'Australie venait ensuite avec 10,6 L par habitant, suivie de l'Amérique du Nord, avec 8,1 L.

Est-il vrai que le chocolat est bon pour le moral ?

On a découvert que le cacao contient une substance qui porte le nom de théobromine. Celle-ci a des propriétés psychostimulantes. De plus, le chocolat est riche en sels minéraux comme le potassium et le magnésium, des ingrédients qui aident au bon fonctionnement de l'organisme.

Pourquoi la chaleur humide est-elle plus difficile à supporter ?

L'excédent de chaleur du corps humain est rejeté par la peau sous forme de sueur, donc d'humidité. Quand il fait chaud et que le taux d'humidité est élevé, l'air ambiant, déjà saturé, ne peut pas en absorber davantage. L'humidité produite par le corps ne peut donc plus s'évaporer et celui-ci reste moite.

Qu'est-ce qui produit l'écho ?

Comme la lumière, le son est constitué d'ondes qui se déplacent dans l'espace. Si ces ondes frappent une surface rigide, située assez loin du point d'origine pour être distinguées du son original, elles rebondissent. Dans une salle de concert, cet effet s'appelle la réverbération, qui se caractérise par une espèce de prolongement sonore.

Le mouvement perpétuel existe-t-il ?

Depuis fort longtemps, des hommes essaient de créer un engin ou un mécanisme qui soit doté du mouvement perpétuel qui défierait les lois de l'Univers. En effet, toute machine, pour fonctionner, a besoin d'énergie. Or la déperdition d'énergie due à la chaleur ou à la friction finira immanquablement par immobiliser un jour la machine. Pendant des siècles, des inventeurs ont fait preuve de beaucoup d'imagination pour inventer une machine qui produirait et recyclerait sa propre énergie, mais en vain.

Quel fut le plus grand flop de l'histoire du cinéma ?

Ce triste record appartient au réalisateur Michael Cimino pour le film *Les Portes du paradis*, un western qui coûta 57 millions de dollars à réaliser. Son exploitation dans les salles d'Amérique du Nord ne rapporta que 1,5 million de dollars. Pendant plusieurs années, Cimino se vit affublé du surnom de « l'homme qui a tué le western » et aucun studio n'en tourna pendant une période de 10 ans. Il faut dire que Cimino avait poussé loin le souci d'authenticité. Il avait fait construire une ville, s'était assuré que tous les costumes des figurants étaient authentiques et avait fait donner des cours de valse et de maniement d'armes à des centaines de figurants. On tourna plus de 200 heures, soit près de 400 km de pellicule. Cimino sortit une version qui durait plus de cinq heures, mais elle fut coupée à deux heures et demie.

Quelle est la différence entre une pile normale et une pile rechargeable ?

La pile normale et la pile rechargeable sont à peu près identiques, sauf pour ce qui est des produits chimiques qui entrent dans leur composition. Dans les deux cas, le courant est produit par la réaction de deux électrodes et d'un électrolyte. Dans la pile sèche, les produits utilisés s'épuisent graduellement et ne peuvent pas être remplacés. Dans la pile rechargeable, on a tout simplement utilisé des produits chimiques qui peuvent être régénérés un certain nombre de fois, un peu à la manière d'une batterie d'automobile qui se recharge pendant que celle-ci roule.

De combien de centimètres un pont se dilate-t-il durant l'été ?

Tous les corps solides ont un indice de dilatation ; cela signifie que chaque corps réagira différemment quand il sera exposé à des écarts de température. Par conséquent, il est impossible de répondre à la question si on ne sait pas de quel matériau le pont est fait. Par contre, quand on parle de ponts qui représentent des structures majeures, il est important que l'ingénieur responsable des travaux connaisse les coefficients de dilatation des matériaux utilisés et réalise la construction en fonction de ces données. Sinon, sans être catastrophiques, des problèmes structurels importants pourraient se manifester après quelques changements de saison ou après quelques dilatations et contractions.

À QUAND LA PREMIÈRE EXPOSITION UNIVERSELLE REMONTE-T-ELLE ?

La première exposition universelle a eu lieu à Paris, en 1798. On voulait monter une vaste fête pour célébrer la créativité de l'homme dans plusieurs domaines différents. Cela donna naissance à la philosophie qui anime maintenant ce type d'exposition. La deuxième exposition eut lieu à Londres, en 1851. Les suivantes eurent toutes lieu à Paris en 1855, 1867, 1878 et 1889 (date de l'inauguration de la tour Eiffel). Une autre, en 1893, fut tenue à Chicago. Parmi les expositions dites « universelles » tenues depuis le milieu du siècle, on compte Bruxelles (1958), Seattle (1962), Montréal (1967), Osaka (1970), Spokane (1974), Knoxville (1982), New Orleans (1984), Vancouver (1986), Brisbane (1988), Séville à nouveau (1992), Lisbonne (1998) et Hanovre (2000). La prochaine aura lieu à Nagoya en 2005.

POURQUOI LES MORMONS SONT-ILS VENUS S'ÉTABLIR AU CANADA ?

L'Église des Mormons fut fondée aux États-Unis en 1830 par Joseph Smith. En 1853, le leader de la secte, Brigham Young, décréta que la polygamie était non seulement permise, mais souhaitable. En 1882, le gouvernement des États-Unis décida d'appliquer rigoureusement les lois en vigueur contre la polygamie et, naturellement, les Mormons en furent les principales victimes. Devant ce fait, un premier noyau de Mormons émigra dans le sud de l'Alberta en 1882, suivi par d'autres dans les années suivantes. Pour ne pas défier les lois, plusieurs Mormons s'établirent au Canada avec une seule de leurs femmes, laissant l'autre aux États-Unis et, parfois, une troisième au Mexique. En 1890, la secte abolit la polygamie, mettant fin en même temps à la principale raison d'émigrer au Canada.

COMBIEN DE PERSONNES ONT-ELLES SURVÉCU AU SAUT DES CHUTES NIAGARA ?

Souvent appelées la huitième merveille du monde, les chutes Niagara ont à plusieurs reprises offert un défi de taille pour les casse-cou. Au début, ce furent des funambules qui traversèrent la chute sur un filin, le plus célèbre de ceux-ci ayant été Blondin, qui réalisa l'exploit en 1829. Le 24 octobre 1901, Annie Edson Taylor, désireuse de se faire de la publicité et de l'argent, sauta les chutes dans un baril et survécut. À ce jour, c'est la seule femme à avoir réalisé l'exploit, mais cela ne lui apporta pas la fortune espérée. Depuis, sept personnes seulement ont réussi à réaliser ce tour de force sur les dizaines qui s'y sont essayées.

QUELS ONT ÉTÉ LES PIRES INCENDIES DE L'HISTOIRE DU CANADA ?

Jusqu'au XIXe siècle, alors que la majorité des maisons étaient encore construites en bois, les incendies prenaient facilement de l'ampleur et pouvaient détruire des parties de villes entières. Voici la liste des pires incendies survenus dans l'histoire du Canada. L'année 1845 fut particulièrement catastrophique pour la ville de Québec.

Date	Endroit	Bâtiments détruits	Familles touchées
1866	Québec	1 500	de 12 000 à 15 000
1877	Saint John	1 500	de 10 000 à 13 000
1846	Saint John's	2 000	12 000
1845	Québec	1 500-2 000	12 000
1845	Québec	1 500	10 000
1892	Saint John's	1 500	de 9 000 à 10 000
1852	Montréal	800-1 000	10 000

EST-IL VRAI QUE LES TÉLÉPHONES SANS FIL CAUSENT LE CANCER DU CERVEAU ?

Le lien qu'on peut établir entre des cas de cancers du cerveau et le téléphone concerne uniquement le téléphone cellulaire portatif. Chez un fort pourcentage de personnes souffrant de cancers du cerveau, on a découvert que celles-ci utilisaient beaucoup le téléphones cellulaires portatifs munis d'une petite antenne et que le cancer s'était développé du côté de la tête situé près de l'antenne. Les fabricants américains ont tout de suite démenti le lien, mais se sont empressés de mettre un avertissement sur les emballages. On n'a pas encore réussi à expliquer pourquoi, mais le problème serait lié à l'antenne. On n'a par ailleurs pas pu établir de lien semblable entre les téléphones cellulaires des voitures dont l'antenne est située à l'extérieur.

LA TÉLÉVISION REND-ELLE VIOLENT ?

Une étude américaine, la plus complète jamais réalisée sur le sujet, s'étendant sur une période de 40 ans et couvrant les États-Unis, le Canada et l'Afrique du Sud, établit un lien entre le nombre de téléviseurs et le taux d'homicide. Il y aurait un décalage de huit à douze ans entre l'introduction de la télévision et le début de l'escalade de la violence. L'étude affirme même que la télévision est responsable d'environ 50 % des homicides aux États-Unis. Peut-on s'en étonner quand on sait que les jeunes Américains auront vu en moyenne 18 000 meurtres à la télé avant même d'avoir terminé leur cours secondaire.

À QUAND LA FIN DE LA POLLUTION ?

Le forage fait dans l'Arctique et l'étude des couches successives de neige permettent de se faire une bonne idée sur la composition de l'air des années passées. Bonne nouvelle ! Par rapport à 1967, la neige contient sept fois moins de plomb et deux fois moins de cadmium. Cela serait dû à l'utilisation sur une grande échelle de l'essence sans plomb et d'efforts faits par certaines industries polluantes.

Le saviez-vous ?

Selon la compagnie qui la met en bouteille, un litre d'eau Perrier peut générer plus de cinquante millions de bulles.

Montréal et ses jumelles...

Il y a, en France seulement, six villes ou villages qui portent le nom de Montréal. La plus populeuse, dans le département de l'Ain, compte près de 2 000 habitants. Le Montréal qui est situé dans la Drôme est un petit village qui compte 35 habitants. Les autres sont situés dans l'Yonne (265 hab.), dans le Gers (1 714 hab.), dans l'Ardèche (290 hab.) et dans l'Aude (1 678 hab.).

Venise, en Californie

Au cours d'un voyage effectué en Italie en 1924, un milliardaire américain fut tellement impressionné par Venise qu'il décida d'en faire une copie sur la côte du Pacifique. Il fonda donc une ville baptisée Venice, fit creuser des canaux et fit construire des maisons à l'architecture typiquement vénitienne. Malheureusement pour lui, la découverte de pétrole à proximité mit fin à son rêve puisqu'on fit détruire les maisons nouvellement construites pour aménager les puits de forage. Aujourd'hui, Venice est un quartier de Los Angeles.

Les Vikings en Amérique... une autre preuve ?

On a récemment trouvé sur des plages du Danemark des coquilles de clams très particuliers. Le carbone 14 a révélé que ces clams datent d'environ 1245. Or, le clam vient de la côte est des États-Unis et si on peut trouver des coquilles si vieilles au Danemark, c'est forcément parce que les clams auraient été rapportés par les Vikings.

Où trouve-t-on les taux d'alphabétisation les plus élevés ?

Contrairement à ce qu'on pourrait penser, ce ne sont pas les pays dits développés qui ont le plus haut taux d'alphabétisation. Une étude assez récente démontre que le taux est de 57 % dans les pays développés, alors qu'il est de 70 % en Chine et de 93 % dans l'Asie du Pacifique.

Que goûtait la bière que les pharaons buvaient ?

On sait que les Égyptiens étaient des amateurs de bière et on saura peut-être bientôt s'ils avaient bon goût en la matière. En effet, une grande brasserie écossaise finance actuellement des recherches archéologiques dans les ruines de ce qui pourrait avoir été la brasserie royale, près d'un temple dédié à la reine Néfertiti. En recueillant des résidus de bière et des graines de céréales, tout en s'aidant des hiéroglyphes inscrits sur les murs, on espère retracer le procédé de fabrication original.

Où l'aiguille de la boussole pointe-t-elle dans l'hémisphère Sud ?

La Terre se comporte comme un gigantesque aimant, avec un pôle positif et un pôle négatif. Par conséquent, l'aiguille pointe toujours vers le nord magnétique, même dans l'hémisphère Sud.

La vie de galérien

Ce sont les Romains qui commencèrent à envoyer leurs criminels de droit commun aux galères, et cette punition fut en usage jusqu'au XVIIIe siècle. Au XVIIe siècle, la reine d'Angleterre décréta que les galères représentaient une punition miséricordieuse puisque les prisonniers se rendaient utiles. Mais ceux-ci, traités en esclaves, enchaînés les uns aux autres, ne survivaient généralement pas plus de trois ans. Quand ils mouraient, on jetait tout simplement leur corps à la mer.

Des punitions pour les fumeurs

Il y eut certaines époques où les fumeurs étaient encore plus mal vus qu'aujourd'hui. Au XVIIe siècle, le tsar Michel de Russie détestait tellement les fumeurs que ceux qui étaient pris en flagrant délit pouvaient recevoir la bastonnade (coups de bâton sur la plante des pieds). À la deuxième offense, on leur coupait le nez ; à la troisième, ils étaient exécutés. À la même époque, en Turquie, on fendait les lèvres à ceux qui prisaient du tabac. Ils étaient bien chanceux puisqu'on pendait les fumeurs après leur avoir enfoncé une pipe dans le nez.

Pourquoi célèbre-t-on Pâques toujours à des dates différentes ?

Ce n'est que depuis l'an 325 que la fête de Pâques est toujours célébrée un dimanche entre le 22 mars et le 25 avril. C'est ce que l'on appelle une fête mobile. Chaque année, la fête de Pâques tombe le premier dimanche suivant la pleine lune du 21 mars, ou la pleine lune suivant cette date. Diverses tentatives ont été faites au XXe siècle pour la transformer en fête fixe. Malheureusement, les Églises chrétiennes n'ont pas réussi à s'entendre sur une date unique. Il faut dire que les Églises orthodoxes grecques et roumaines utilisent encore le calendrier julien pour déterminer les dates des fêtes. Tant qu'un système international de calendrier n'aura pas été accepté, Pâques continuera de se fêter à des dates différentes chaque année.

Pourquoi est-il plus facile de garder l'équilibre à bicyclette quand on roule rapidement ?

Il est beaucoup plus facile de garder l'équilibre sur une bicyclette qui roule rapidement en raison de l'énergie cinétique. Celle-ci augmente avec la vitesse. À basse vitesse, il suffit de pencher d'un côté ou de l'autre du vélo pour que le poids fasse perdre l'équilibre. À haute vitesse, il faut une force beaucoup plus importante pour contrer l'énergie cinétique et pour déstabiliser le vélo.

Pourquoi un avion à réaction fait-il tant de bruit ?

Les réacteurs qui servent à propulser les avions doivent être extrêmement puissants. De plus, le réacteur aspire l'air par le devant, le comprime, le mélange avec du combustible liquide et le brûle, avant de laisser sortir les gaz chauds à l'arrière. Le puissant bruit entendu est donc formé du hurlement et du rugissement de l'air qui est aspiré, de la sortie des gaz ainsi que du bruit du compresseur qui comprime l'air pour le mélanger au combustible liquide.

Pourquoi fait-il plus chaud en ville qu'à la campagne ?

La concentration d'édifices dans une ville est déjà une raison. Une partie de la chaleur provient des édifices et des maisons chauffés, des usines et des automobiles. Une autre partie de cette chaleur vient du fait que les grands édifices font office de coupe-vent et empêchent celui-ci de balayer la chaleur. Troisièmement, l'asphalte des rues et le béton des édifices emmagasinent mieux la chaleur que les arbres et l'herbe. Finalement, plus la ville est grosse, plus il y a de chances qu'il se forme au-dessus d'elle un dôme de poussière, de fumée et de gaz qui va retenir la chaleur.

Pourquoi le lait tourne-t-il ?

Le lait produit par la vache contient une foule de substances : des hydrates de carbone, des protéines, des sels, des enzymes, des vitamines ainsi que des hormones, des anticorps et des bactéries. Quand il n'est pas stérilisé, les bactéries provoquent la fermentation de la lactose, qui se transforme en acide lactique. À son tour, l'acide lactique cause la coagulation des molécules protéiques de la caséine. On dit alors que le lait tourne ou qu'il caille.

Pourquoi le pain durcit-il à la longue ?

Quand le pain sort du four, il est encore plein de particules d'eau. Ce sont elles qui donnent son élasticité au pain frais. À la longue, ces particules d'eau s'évaporent. Le pain dessèche petit à petit et se met à durcir. Ce processus prend environ deux jours. Une bonne méthode pour minimiser le durcissement consiste à envelopper la miche de pain dans un linge humide. Ainsi, l'humidité qu'il contient s'évaporera plus lentement.

Quel est le plus ancien métier ?

Le plus ancien métier est probablement celui de menuisier. En effet, très tôt au cours de son histoire, l'homme a dû apprendre à connaître le bois. Celui-ci lui fournissait une partie de sa nourriture et le feuillage de l'arbre lui procurait un abri primitif. D'une branche morte, il a fabriqué sa première massue. Le bois a donc été utilisé comme matière première pour répondre aux besoins de base de presque toutes les populations. Par la force des choses, donc, les hommes ont dû apprendre à connaître les différentes sortes de bois pour pouvoir utiliser chacune en fonction de ses propriétés. Le bois le plus tendre servait à fabriquer des ustensiles, alors que le plus dur était réservé à la fabrication des outils, puis des habitations et, finalement, des bateaux.

UNE FUTURE GUERRE DES ÉTOILES ?

Deux entreprises, une américaine de Chicago et une canadienne de Toronto, vendent des étoiles. Pour une somme approximative de 50 $, vous pourrez recevoir par la poste une photo de la région du ciel où se trouve cette étoile ainsi qu'une carte permettant de la localiser. Ces fonds seraient versés à des observatoires. L'Union astronomique internationale refuse toutefois de reconnaître officiellement ces deux compagnies.

L'ACHALANDAGE DES AÉROPORTS

Les aéroports de Dorval et de Mirabel voient passer environ huit millions de passagers par année, ce qui peut paraître énorme. Mais quand on les compare à d'autres aéroports du monde, ce chiffre devient vite dérisoire.

Aéroport	Ville	Passagers (en millions)
John F. Kennedy	New York	32
La Guardia	New York	24
O'Hare	Chicago	59
Los Angeles	Los Angeles	50
Dallas	Dallas	48
Heathrow	Londres	38
Orly	Paris	23
Mexico	Mexique	10
Haneda	Tokyo	32

Dans quel pays roule-t-on le plus en automobile ?

Les données les plus récentes parlent de voitures particulières par 1 000 habitants. Ce sont, par ordre : États-Unis, 540 ; Nouvelle-Zélande, 451 ; Canada, 430 ; Australie, 427 ; Islande, 418 ; Luxembourg, 398 ; Suisse, 394 ; France, 380 ; Japon, 225. À l'opposé, certains pays possèdent un parc automobile négligeable : en Afrique, le Liberia, l'Ouganda et le Togo, avec 0,8 ; en Asie, le Népal, 0,8 ; en Europe, la Turquie, 14,8 ; en Amérique, la Colombie, 18,9.

Combien de villes ont-elles leur métro ?

Il y a presque une centaine de villes qui sont dotées du métro. Le plus vieux est celui de Londres, dont la construction a commencé en 1863. Les réseaux les plus complexes sont ceux de New York et de Paris, avec respectivement 461 et 366 stations. Les plus achalandés sont ceux de Moscou et de Tokyo, avec 2 500 millions et 1 700 millions de passagers par année. Les réseaux les plus étendus sont ceux de Londres et de New York avec respectivement 430 et 390 km de voies.

Le saviez-vous ?

Quand on fait sauter le bouchon d'une bouteille de champagne, celui-ci peut atteindre la vitesse de 320 km/h.

La tragédie du Titanic

En 1912, le Titanic était le plus grand navire du monde et il était réputé insubmersible. Lors de sa première traversée de l'Atlantique, après avoir frappé un iceberg, il a coulé à 150 km au sud-est de Terre-Neuve. Sur les 2 201 personnes à bord, il y eut 711 survivants, dont quelques-uns vivent encore. Au fait, tous les enfants voyageant en première et deuxième classe furent sauvés, alors que les deux-tiers des enfants de troisième classe périrent. Chaque année, un certain nombre de ceux-ci se réunissent pour un souper commémoratif où le menu est le même que celui du soir du naufrage. Des demandes d'indemnisation totalisant plus de 16 millions de dollars furent déposées par les survivants et les membres des familles des décédés contre la compagnie White Star Line, qui ne paya finalement qu'un total de 663 000 dollars.

Une balle tirée en l'air est-elle dangereuse quand elle retombe ?

Quand une balle est tirée vers le haut, c'est l'explosion du départ qui lui donne sa vitesse. À mesure que la distance augmente, elle perd graduellement de sa vélocité. Rendue au bout de sa course, elle s'arrêtera une fraction de seconde et commencera à tomber. À partir de ce moment, ce n'est plus qu'un petit corps soumis aux lois de l'attraction terrestre et sa vitesse de chute augmentera en fonction de la loi de gravitation de Newton. Sa vitesse de retombée au sol dépendra donc de la hauteur que la balle aura atteinte. Compte tenu du poids de l'objet, il présente alors bien peu de danger, d'autant plus que les probabilités qu'il retombe sur une personne sont infimes.

Pourquoi tant de nageurs essaient-ils de traverser la Manche à la nage ?

La traversée de la Manche à la nage est une entreprise hasardeuse : les eaux sont très froides, la mer est agitée et imprévisible et de nombreux navires y passent. Elle a donc toujours été prisée par les amateurs de défis. Depuis 1875 seulement, il y a eu 4 780 tentatives de traversée à la nage. De ce nombre, 555 ont été réussies. Parmi les réussites à signaler : la canadienne Cynthia Nicholas, 19 fois. Le plus jeune à avoir réalisé l'exploit était un jeune garçon de 11 ans, alors que le plus âgé en avait 67.

L'alcool au volant

Chaque pays a ses lois concernant les conducteurs de véhicules automobiles pris en état d'ébriété. Généralement, les amendes sont assez lourdes et on suspend les permis pour des périodes plus ou moins longues. En Californie, les jeunes chauffeurs pris en état d'ébriété sont obligés d'aller faire une visite à la morgue. Dans l'État de New York, une récidive entraîne automatiquement une peine de prison de 15 ans. Au Japon, les chauffards sont enfermés dans des prisons spéciales où ils sont obligés de regarder des films d'accidents d'auto assez horribles. Au Danemark, la première infraction entraîne une amende égale à 4 % du salaire annuel du contrevenant.

UNE NOUVELLE FORME DE FUNÉRAILLES RÉVOLUTIONNAIRE

En 1985, une entreprise de pompes funèbres de la Floride offrait de mettre les cendres des défunts en orbite pour la somme de 3 900 $. Pour ce prix, on plaçait les cendres dans une petite gélule portant le nom du défunt. Environ 10 000 de ces gélules prenaient place dans un satellite que l'on mettrait en orbite autour de la Terre. Les parents des disparus auraient pu suivre les évolutions du satellite grâce à de puissantes jumelles, et l'espérance de vie de ce satellite aurait été de 63 millions d'années. L'entreprise a échoué, faute de clients.

QU'EST-CE QUE LE ZÉRO ABSOLU ?

Le zéro absolu est la mesure que les savants ont identifiée comme étant la température la plus froide qui soit possible. Ce chiffre de –460 °F a été atteint par calcul seulement. Malgré tous les efforts, il n'a pas encore été possible de produire une telle température en laboratoire, mais on s'en approche graduellement.

QU'EST-CE QU'UN VACUUM ?

Un vacuum est un endroit où il n'y a absolument rien. On n'est pas capable de créer une telle situation en laboratoire, car même dans le vide quasi-total il reste toujours des atomes ou des molécules de substances quelconques. Un vacuum pourrait exister dans l'espace, loin de la Terre.

À QUELLE VITESSE MINIMUM UN AVION PEUT-IL VOLER ?

Si on fait abstraction des hélicoptères et des avions à atterrissage et à décollage vertical, les avions doivent voler à une vitesse minimum pour ne pas s'écraser. Par contre, en 1979, un homme a réussi à traverser la Manche au volant d'un avion ultraléger dont le moteur était actionné par des pédales. On a calculé que sa vitesse moyenne pour cette traversée fut de 8 mi/h, soit une vitesse ne dépassant pas celle d'un enfant qui courait.

Pourquoi est-il si compliqué de bien jouer aux échecs ?

Quand une partie d'échecs débute, chaque joueur a seulement 20 possibilités de coups. Quand chacun a déplacé un premier pion, le nombre de coups possibles passe à 50 pour chaque joueur. Graduellement, le nombre de possibilités atteint et dépasse rapidement le million. Par contre, dans chaque cas, la stratégie dicte aux joueurs de se limiter à une centaine de possibilités parmi toutes celles qui sont possibles. Calcul, jugement, intuition et imagination réussiront à faire la part des choses et à déterminer qui gagnera.

Pourquoi les acteurs des vieux films ont-ils des gestes si saccadés ?

Dans les vieux films, l'action se déroulait à une vitesse normale mais la caméra n'enregistrait pas les images de la même façon qu'aujourd'hui. À cette époque, les caméras enregistraient à 16 ou 18 images par seconde, alors que les caméras modernes enregistrent au rythme de 24 images par seconde. Comme les projecteurs modernes projettent aussi à 24 images par seconde, le film se trouve à passer plus rapidement, donnant ainsi l'impression que tout y est accéléré.

Qui étaient les Muses ?

Selon les légendes grecques, les neuf Muses étaient les filles de Zeus et de Mnémozyne. Elles vivaient sur le mont Hélicon, où elles s'adonnaient aux arts. Chacune d'elles se vit d'ailleurs attribuer un domaine de compétence.

Muse	Art
Calliope	Éloquence
Clio	Histoire
Érato et Polymnie	Poésie
Euterpe	Musique
Melpomène	Tragédie
Terpsichore	Danse
Thalie	Comédie
Uranie	Astronomie

POURQUOI L'ESPION FAIT-IL COULER LE ROBINET QUAND IL Y A DES MICROS DANS SON APPARTEMENT ?

Vous avez probablement déjà vu cette scène dans un film. Une personne fait signe à l'autre de se taire, l'entraîne avec elle et fait couler la douche ou le robinet avant de se mettre à parler. Cette astuce, pour celui qui sait qu'il y a des micros cachés dans une pièce, permet de masquer la conversation puisque le bruit de l'eau qui coule dégage une gamme étendue de fréquences qui noie — c'est le cas de le dire — le son de la voix.

LE SALAIRE DES DICTATEURS

Quand Ferdinand Marcos était président des Philippines, il recevait un salaire annuel symbolique de 5 700 $. Malgré cela, pendant cette période, il a réussi à accumuler une fortune dépassant les trois milliards de dollars. Pour sa part, l'ancien président de Haïti, Jean-Claude Duvalier, n'aurait réussi à mettre de côté que la somme de 400 millions de dollars.

LES AVIONS PROVOQUENT-ILS LA PLUIE ?

Quand un avion à réaction traverse le ciel à haute altitude, il laisse une traînée de vapeur d'eau qui se dissipe plus ou moins lentement, selon les conditions météorologiques qui prévalent en haute atmosphère. Par contre, ces petits nuages ne sont pas suffisants pour provoquer la pluie.

COMMENT DÉTERMINE-T-ON L'HEURE EXACTE DE L'ARRIVÉE D'UNE SAISON ?

Grâce à l'astronomie, l'homme a réussi à élaborer des méthodes pour mesurer le temps de façon de plus en plus précise, en se basant sur la position des étoiles. De cette façon, on a pu établir des tables astronomiques d'une très grande précision et qui sont régulièrement corrigées au gré des observations qui sont faites. Grâce à ces tables, on peut fixer l'arrivée d'une saison à la fraction de seconde près.

QUELLES SONT LES MÉTHODES LES PLUS USUELLES POUR CONSERVER LA NOURRITURE ?

Beaucoup d'aliments viennent dans des bouteilles ou des contenants en verre, en plastique ou en carton. Cela les protège de l'air et des germes qu'il contient. D'autres méthodes existent aussi : on peut saler des aliments ; les garder au froid ; les faire sécher ; les emballer sous vide. Dans chacun de ces cas, on se trouve à créer un environnement impropre au développement des germes ou des bactéries.

POURQUOI L'EAU ET L'HUILE NE SE MÉLANGENT-ELLES PAS ?

L'eau et l'huile ont des structures moléculaires différentes l'une de l'autre. Vous pouvez mettre de l'huile et de l'eau ensemble dans un même plat et brasser énergiquement : l'huile, plus légère que l'eau, finira toujours par se détacher et par remonter à la surface.

D'OÙ VIENT L'ESSENCE POUR LES AUTOMOBILES ?

On extrait le pétrole de la terre à partir de puits. Ce pétrole peut alors subir différents traitements chimiques qui vont modifier son contenu en hydrocarbones. Ces traitements font partie de ce que l'on appelle le raffinage. Selon le degré de raffinage, on obtiendra une huile très épaisse avec laquelle on recouvre les chaussées et que l'on appelle l'asphalte. L'huile lourde sera utilisée dans les immenses chaudières des bateaux. L'huile diesel servira de carburant aux trains et aux gros camions. Le kérosène, pour sa part, sera utilisé pour faire chauffer des fours et des radiateurs. À son stade le plus raffiné, le pétrole deviendra de l'essence pour les automobiles.

DANS LES PAYS TROPICAUX, POURQUOI CONSTRUIT-ON DES MAISONS DANS LES ARBRES ?

En Nouvelle-Guinée, les habitants construisent des maisons haut perchées dans les arbres. Cela représente plusieurs avantages. En effet, l'air y est moins humide qu'à la surface du sol et la circulation d'air est meilleure. De plus, il y a des endroits où la forêt est tellement dense que les rayons du soleil n'atteignent pratiquement jamais le sol. Une maison construite près du sommet des arbres recevra donc plus de lumière. Finalement, le fait que ce soit moins humide, plus ventilé et plus ensoleillé aura aussi des conséquences sur la présence des moustiques : il y en aura beaucoup moins.

Gallon US et gallon impérial

Le gallon US et le gallon impérial équivalent chacun à quatre pintes. Le gallon US vaut bien 128 onces, alors que le gallon impérial, lui, en vaut 160. Il faut cependant savoir que les onces liquides américain et anglais ne sont pas les mêmes et n'autorisent pas l'utilisation d'une simple règle de trois pour convertir puisque l'once liquide américain équivaut à 3,69 ml, alors que l'once liquide anglais équivaut à 3,55 ml.

PERSONNAGES CÉLÈBRES

POURQUOI LÉONARD DE VINCI EST-IL DEVENU CÉLÈBRE ?

Léonard de Vinci est né en 1452 à Vinci, près de Florence. Ses nombreux talents ont fait de lui un des esprits les plus impressionnants de l'histoire de l'humanité. Il se fit connaître comme peintre, mais fut aussi architecte, inventeur, sculpteur, poète et mathématicien. Grâce aux nombreuses œuvres qu'il nous a laissées, ainsi qu'à ses carnets et manuscrits, nous savons aujourd'hui que c'était un homme génial et un visionnaire. Il est mort en France, en 1519.

COMMENT MOLIÈRE EST-IL MORT ?

Molière, auteur de pièces de théâtre qui sont toujours jouées de nos jours, est mort en 1673 alors qu'il jouait lui-même le rôle principal de sa dernière création : *Le Malade imaginaire*. Ce qui est ironique, c'est que le personnage qu'il incarnait faisait semblant de mourir pour savoir ce que les gens de son entourage pensaient de lui. Il mourut peu de temps après la première représentation.

QUEL ÂGE A MICKEY MOUSE ?

Même s'il ne semble pas vieillir, Mickey a eu 70 ans le 18 novembre 1998. En effet, le 1er dessin animé sonore qui mettait en vedette Mickey, *Steam-boat Willie*, a été projeté pour la première fois en public le 18 novembre 1928.

QUEL EST LE PERSONNAGE QUI A LE PLUS INSPIRÉ LES CINÉASTES ?

Ce record appartient à Sherlock Holmes, personnage qui est né de l'imagination de Arthur Conan Doyle. Entre 1900 et 1990, pas moins de 72 acteurs différents ont joué dans 197 films.

Son plus proche rival, le comte Dracula, créé par Bram Stoker, a fait l'objet de 155 films.

QUI EST PELÉ ?

De son vrai nom Edson Arantes do Nascimento, Pelé est un ancien joueur de soccer brésilien et un des meilleurs de tous les temps. Dans la finale de la Coupe du monde de 1958, alors qu'il n'avait que 17 ans, il marqua deux buts. Il fit aussi partie des équipes gagnantes de la Coupe du monde en 1962 et en 1970. En 1969, lors de son 909e match, il marquait son millième point. Aujourd'hui à la retraite, celui que les Brésiliens surnomment la Perle noire est considéré comme un héros national.

QUI ÉTAIT JOS MONTFERRAND ?

Jos Montferrand, comme d'autres hommes forts, est passé à la petite histoire du Québec en raison de sa grandeur, près de 2 m, et de sa force herculéenne. Né à Montréal en 1802, il avait opté pour le métier de draveur. Son tour favori consistait à sauter et à laisser la marque de ses bottes au plafond des tavernes. Il fut aussi boxeur, et sa stature ainsi que sa réputation lui valurent de relever plusieurs défis, à une époque où la rivalité était féroce entre les draveurs québécois et irlandais, appelés les Shiners. On raconte que son plus difficile combat eut lieu quand il fut attaqué sur un pont par une bande de Shiners. Empoignant celui qui se trouvait le plus près, il s'en servit comme d'un poids pour en projeter plusieurs à l'eau, avant de terminer le travail avec ses poings.

QUI ÉTAIT LAURA SECORD ?

Née Laura Ingersoll, c'était une Américaine. Venue s'installer au Canada avec ses parents, elle y épousa un marchand de Queenston du nom de James Secord. Blessé grièvement à la bataille de Queenston, celui-ci ne pouvait plus marcher. Laura fit le tour du champ de bataille, le retrouva et trouva le moyen de le transporter à la maison. Un an plus tard, dans sa boutique, elle entendit des soldats américains parler d'une attaque surprise qui se préparait. Avec des guides indiens, elle marcha dans les bois pendant toute une journée pour prévenir la garnison britannique. Grâce à elle, l'attaque fut repoussée et Laura Secord fut considérée comme une héroïne de la guerre de 1812.

QUELLE EST LA FAMILLE QUI A REÇU LE PLUS DE PRIX NOBEL ?

La famille Curie a reçu trois prix Nobel. Pierre et Marie ont reçu celui de la physique en 1903 ; Marie a reçu celui de la chimie en 1911 ; leur fille Irène a reçu celui de la chimie en 1935, avec son mari, Frédéric Joliot-Curie.

QUI ÉTAIT FLORENCE NIGHTINGALE ?

Née en 1820, Florence Nightingale venait d'une famille anglaise très riche. Très tôt, elle s'intéressa au système hospitalier et, malgré l'opposition de ses parents, décida de devenir infirmière. Elle dut aller faire son stage en Allemagne mais, dès son retour en Angleterre, le gouvernement lui confia la mission de réorganiser le système hospitalier. Elle fut la première à fonder une école d'infirmières. Elle édicta des règles sévères pour réglementer la formation des futures infirmières et réussit ainsi à donner une crédibilité nouvelle à cette profession.

QUI FURENT LES AUTEURS LES PLUS PROLIFIQUES ?

Pendant sa carrière, le dramaturge espagnol Felix Lope de Vega (1562-1635) a écrit environ 1 800 comédies et 400 drames religieux. Un Japonais, Soho Tokutomi, a mis 35 ans pour écrire les 42 468 pages que contient son histoire du Japon. Mary Faulkner, d'Afrique du Sud, a publié 904 romans, utilisant dix pseudonymes différents. Alexandre Dumas, pour sa part, n'a écrit que 260 livres.

QUEL EST L'AUTEUR LE PLUS LU ?

Agatha Christie (1890-1976) a vendu près de deux milliards d'exemplaires de ses romans policiers, au nombre de 78 et traduits en 103 langues différentes. L'auteur francophone le plus lu est Georges Simenon, avec des ventes d'environ 500 millions d'exemplaires de ses livres, traduits en 57 langues.

À QUEL ÂGE MOZART A-T-IL COMMENCÉ À ÉCRIRE DE LA MUSIQUE ?

Wolfgang Amadeus Mozart se fit remarquer très jeune grâce à ses qualités d'instrumentiste. Son père, lui aussi musicien, lui enseigna tous les styles de musique de l'époque. Ensemble, ils parcouraient l'Europe et le jeune Mozart défiait les grands musiciens lors de concours de virtuosité. C'est à l'âge de dix ans qu'il commença à composer des sonates ainsi que sa première symphonie. Ses premières pièces importantes, il les composa à partir de treize ans. C'est cependant dans les dernières années de sa vie, entre 1781 et 1791, qu'il composa ses œuvres les plus importantes, dont *Les Noces de Figaro* (1786), *Don Juan* (1787) et *La Flûte enchantée* (1791).

ALBERT EINSTEIN ÉTAIT-IL UN ÉLÈVE BRILLANT ?

Albert Einstein, quand il était jeune, avait sûrement tout ce qu'il fallait pour réussir, mais ses notes ne le laissaient pas deviner. Très individualiste, il n'avait jamais réussi à s'adapter au très rigide système scolaire allemand de la fin du XIXe siècle.

À l'âge de 15 ans, il quitte l'Allemagne pour rejoindre ses parents qui se sont établis en Italie. Il décide finalement d'entrer au Polythecnicum de Zurich, en Suisse. Premier examen d'entrée, premier échec, malgré des scores très élevés en physique et en mathématiques. L'année suivante, il est accepté. Il publiera un premier article sur la théorie de la relativité en 1905 et y mettra le point final en 1915, devenant rapidement une célébrité.

QUI ÉTAIT HANNIBAL ?

Pendant de longues années, Rome et Carthage ont été en guerre, chacun désirant établir son hégémonie sur la Méditerranée. En 218 av. J.-C., Hannibal, un général carthaginois de 29 ans, lance une formidable expédition terrestre sur Rome. À la tête d'une armée de 100 000 hommes, 8 000 chevaux et 40 éléphants, il franchit une partie de l'Europe. Il met 15 jours à franchir les Alpes et y perd près de la moitié de ses troupes et de ses éléphants. Malgré cela, il finira par atteindre l'Italie et y gagnera un certain nombre de batailles. Il ne réussira cependant jamais à se rendre jusqu'à Rome. En 203 av. J.-C., il est rappelé à Carthage, qui est attaquée par l'armée de Scipion. En 183 av. J.-C., il se donne la mort plutôt que d'être pris. C'est son odyssée dans les Alpes avec ses éléphants qui lui a valu la célébrité.

Qui était Houdini ?

Harry Houdini, né en 1874, à Bucarest, et dont le vrai nom était Harry Weiss, était un illusionniste considéré comme le roi de l'évasion. Il construisit d'ailleurs sa renommée mondiale sur sa capacité extraordinaire à se sortir de situations inextricables. Les menottes, les camisoles de force, les coffres-forts, rien ne lui résistait. À la longue, il intégra des éléments de suspens dans ses spectacles. Quand il se faisait enfermer dans un coffre-fort, il avait toujours dans sa bouche un passe-partout qui lui permettait de l'ouvrir de l'intérieur. Le tout se déroulait derrière un rideau. Souvent, il en ressortait après quelques minutes et lisait tranquillement pendant que les gens dans la salle s'inquiétaient à mesure que le temps passait. Tous ses tours étaient basés sur des trucs ou des accessoires truqués. Il mourut en 1926, victime de sa trop grande confiance en lui. Pour montrer sa résistance, il se fit frapper violemment à l'estomac par un étudiant qui lui avait lancé un défi. Malheureusement pour lui, il n'avait pas pris le temps de se préparer. Il mourut d'une péritonite gangreneuse deux jours plus tard.

Qui fut le héros des XIe Jeux olympiques ?

Les XIe Jeux olympiques eurent lieu à Berlin, en 1936. L'Allemagne était alors dirigée par un certain Adolph Hitler et un peu partout dans le monde, on commençait à s'inquiéter du pouvoir de ce troublant personnage et de ses idées sur une super-race aryenne. Les athlètes allemands remportèrent 33 médailles d'or, ce qui procura un grand plaisir à Hitler. Par contre, un athlète américain, Jesse Owens, gagna à lui seul quatre médailles d'or, dont celle du saut en longueur, devançant ainsi l'Allemand Long, qui était alors détenteur du record mondial. Hitler en fut tellement insulté qu'il quitta précipitamment la tribune officielle pour ne pas avoir à serrer la main d'un homme de couleur.

Quand Tarzan a-t-il été transposé au cinéma ?

En décembre 1934, *Tarzan, l'homme singe* sortait dans les salles de cinéma mettant en vedette Johnny Weissmuller, un champion olympique de natation. Comme il s'agissait d'un film parlant, les spectateurs furent en mesure d'entendre son fameux cri pour la première fois. En fait, ce cri était un trucage constitué d'un mixage d'une vocalise d'un ténor et d'un chant tyrolien. Le public fut enchanté et Tarzan allait connaître beaucoup de succès.

Géronimo a-t-il vraiment existé ?

Géronimo — de son vrai nom Gogathlay — est né en 1829 et faisait partie d'une tribu apache : les Chiricahuas. Pendant plus de 40 ans, il défendit les territoires de chasse des siens contre les Mexicains et les Américains. En 1874, l'armée américaine finissait de regrouper les Apaches dans des réserves, mais Géronimo, à la tête d'une poignée de guerriers, poursuivit la lutte jusqu'en 1886, alors que plus de 5 000 soldats américains et 10 000 soldats mexicains essayaient de le faire prisonnier. Fatigué, vieilli, désireux de mettre fin à cette poursuite incessante, il se rendit et il fut mis en prison. Il finit par se convertir au christianisme et mourut en 1908 à l'âge de 80 ans.

Qui fut le premier homme à atteindre le pôle Sud ?

La conquête du pôle Sud fit l'objet d'une course entre deux hommes : le Norvégien Roal Amundsen et l'Anglais Robert Falcon Scott. Au début, la course parut inégale puisque Amundsen n'utilisait que des traîneaux à chiens, alors que Scott utilisait des traîneaux à moteur. Le 14 décembre 1911, Amundsen atteignait cependant le pôle Sud le premier, alors que Scott n'allait y parvenir que le 17 janvier 1912. Double malchance pour Scott : à son retour, il perdit deux de ses compagnons et il fut retrouvé mort gelé.

Qu'est-ce que « l'affaire Dreyfus » ?

L'affaire Dreyfus est une célèbre affaire qui a suscité beaucoup de controverse en France. Alfred Dreyfus, un officier français, fut condamné pour espionnage en 1894 sur la seule base d'une analyse graphologique. Beaucoup prétendaient que la seule raison pour laquelle il fut trouvé coupable était le fait qu'il était d'origine juive, à un moment où la France était animée d'un fort sentiment antisémite. Malgré la faiblesse des preuves contre lui, Dreyfus fut condamné à la déportation à vie. Il fut réhabilité en 1906, après une longue querelle publique qui déchira littéralement la France en deux camps.

Qui était Lewis Carroll ?

Lewis Carroll était le pseudonyme d'un mathématicien anglais, professeur à l'Université d'Oxford, et qui s'appelait Charles Ludwidge Dodgson. Le mathématicien Dodgson a publié quelques textes de nature scientifique qui ne sont pas passés à la postérité. La célébrité lui est venue quand il a publié — sous le pseudonyme de Lewis Carroll — un conte pour enfants qui s'appelait *Alice au pays des merveilles*. Il récidiva en 1872 avec *De l'autre côté du miroir* et, plus tard, *La Chasse au snark*.

Quelle est l'origine du personnage de Charlot ?

Charlot est le surnom français du personnage créé par Charlie Chaplin. Né à Londres en 1898, c'est sa mère, une artiste, qui lui enseigne l'abc du métier. Adolescent, il gagne de l'argent en dansant dans les rues. En 1912, il part en tournée aux États-Unis avec une troupe de théâtre. Cette période difficile de sa vie sera cependant pour lui une source d'inspiration. Découvert par Mack Sennett en 1914, il tourne une série de courts métrages où il développe son personnage de vagabond aux grands pieds. Sa petite moustache, sa canne et son chapeau melon lui vaudront une célébrité mondiale. En 1924, il crée sa propre société de production et connaît le triomphe avec des films comme *La Ruée vers l'or*, *Les Lumières de la ville*, *Les Temps modernes* et *Le Dictateur*. Victime d'une campagne de dénigrement parce qu'il n'a jamais pris la citoyenneté américaine, il s'enfuit pour la Suisse en 1952. Il ne reviendra aux États-Unis qu'en 1972, pour recevoir un Oscar spécial pour l'ensemble de son œuvre. Malgré un accueil triomphal, il n'y remit jamais les pieds jusqu'à sa mort, en 1977.

Rocky Marciano : un champion invaincu

Le boxeur Rocky Marciano remporta le championnat du monde des poids lourds en 1952. Quand il prit sa retraite en 1956, après avoir défendu son championnat à six reprises, il était toujours champion du monde. Invaincu en 49 combats professionnels, il périt en 1969 dans un accident d'avion.

Les dangers de la vie de chef d'orchestre !

Le célèbre musicien français Jean-Baptiste Lully est décédé des suites d'un accident qu'il s'est infligé en dirigeant un orchestre qui interprétait un *Te Deum* qu'il avait composé. En effet, Lully utilisait sa canne pour battre la mesure sur le plancher. Malencontreusement, il s'écrasa un orteil. Peu de temps après, la gangrène s'y mit et il en mourut.

SOCIÉTÉ, US ET COUTUMES, CROYANCES ET SUPERSTITIONS

QUELLE EST LA LANGUE LA PLUS UTILISÉE DANS LE MONDE ?

La langue la plus utilisée dans le monde est le chinois mandarin. Utilisée par 68 % des habitants de la Chine, elle est donc parlée par environ 770 millions d'individus. L'anglais vient au deuxième rang. Elle est la langue maternelle de 330 millions de personnes, mais près de 700 millions de personnes l'utilisent chaque jour comme deuxième ou troisième langue.

QUELLE EST LA SIGNIFICATION DES CINQ ANNEAUX OLYMPIQUES ?

Chaque anneau représente un continent. Le bleu pour l'Europe, le noir pour l'Afrique, le jaune pour l'Asie, le rouge pour l'Amérique et le vert pour l'Océanie. Ils sont entrelacés pour démontrer que l'esprit olympique est universel et ne saurait s'embarrasser de préjugés raciaux, sociaux ou autres.

DEPUIS QUAND LES FEMMES PARTICIPENT-ELLES AUX JEUX OLYMPIQUES ?

Dans la Grèce antique, les femmes grecques n'avaient même pas le droit d'assister aux compétitions sportives. Quand Pierre de Coubertin a relancé les Jeux olympiques en 1896, les femmes furent encore exclues. De Coubertin affirmait que les compétitions féminines n'allaient intéresser personne. Ce n'est qu'en 1928 qu'elles furent admises.

QUEL EST LE SPORT D'ÉQUIPE LE PLUS PRATIQUÉ AU MONDE ?

Le titre revient au volley-ball, sport pratiqué presque partout dans le monde. Reconnu comme discipline olympique depuis 1964 et ne nécessitant pas d'équipement spécial autre qu'un filet et un ballon, le volley-ball est beaucoup pratiqué dans des pays comme le Japon et la Chine. Les fédérations de volley-ball regroupent plus de 140 millions de joueurs partout dans le monde. Et cela ne tient pas compte des gens qui le pratiquent occasionnellement.

Pourquoi existe-t-il des animaux sacrés ?

L'homme a toujours admiré certaines caractéristiques d'animaux et toutes les religions anciennes portent la marque d'animaux qui étaient vénérés. On admirait la mémoire de l'éléphant, la sagesse du hibou, l'intelligence du dauphin, la force du lion. Il n'était pas rare non plus que des dieux aient un corps humain et une tête d'animal. Encore aujourd'hui, en Inde, par exemple, la vache est sacrée. Il est interdit de la déranger ou même de la déplacer, même si elle se couche en plein milieu d'une rue. Cet animal représente pour les Hindous un symbole de fécondité, puisque n'importe qui peut la traire et s'abreuver de son lait. Elle représente aussi l'union de la terre et du ciel.

Que se passe-t-il après la mort ?

La question de la vie après la mort en est une pour laquelle il n'existe malheureusement pas une seule réponse. En effet, les réponses sont aussi diverses que les croyances religieuses et elles ont beaucoup varié à travers les âges. Dans certaines religions, on parle d'un paradis pour les âmes méritantes, alors que dans d'autres, on dit que la mort ne représente qu'une étape dans un long cycle de réincarnations. Dans d'autres cas encore, l'après-vie ne serait que néant. Les sciences dites ésotériques s'intéressent aussi au phénomène. Peut-être un jour aurons-nous une réponse définitive...

Les emblèmes des provinces canadiennes

On sait que le Harfang des neiges est l'emblème du Québec. D'autres provinces ont aussi des oiseaux comme emblème. Ce sont :

Alberta	grand-duc d'Amérique
Colombie-Britannique	geai de Steller
Île-du-Prince-Édouard	geai bleu

Nouveau-Brunswick	mésange à tête noire
Ontario	huart à collier
Saskatchewan	gélinotte à queue fine
Yukon	grand corbeau

Les dauphins sacrés de l'Antiquité

Les Crétois et les Grecs ont toujours eu beaucoup de respect pour les dauphins. Non seulement ils ne les pêchaient pas, mais les Crétois en ont même fait des divinités. Chez les Grecs, on trouve aussi des légendes où des enfants sont sauvés de la noyade par des dauphins. Le fait que cet animal respire avec des poumons et non avec des branchies, qu'il ait une voix et qu'il émette des sons, qu'il se déplace en bandes devant les navires en donnant l'impression de jouer a aussi contribué à en faire un animal sacré.

Quelle est l'origine des poissons d'avril ?

Cette coutume serait liée à un changement de calendrier qui fit commencer l'année le 1er janvier plutôt qu'à Pâques, qui, en 1563, tombait le 1er avril. Pour marquer le changement, les gens développèrent l'habitude de donner des faux cadeaux le 1er avril.

Treize à table ! Signe de malchance ?

Cette superstition semble remonter à la dernière Cène, repas que Jésus partagea avec les douze apôtres. Comme Jésus fut trahi par Judas, qui, plus tard, se pendit, des personnes croient encore que le fait de se retrouver treize autour d'une table représente un mauvais présage.

Les prédictions de Nostradamus sont-elles vraies ?

Nostradamus a écrit ses Centuries en utilisant un mélange de vieux français et de latin. Elles sont donc difficiles à comprendre et à interpréter. Autant il est facile d'y trouver des références à des événements qui sont maintenant passés, autant il est difficile de savoir si ses autres prédictions se réaliseront. Quoi qu'il en soit, il y aura toujours des guerres, des famines et des désastres qui sembleront lui donner raison.

Pourquoi le nombre 13 représente-t-il la malchance ?

Depuis des millénaires, le nombre 13 est signe de malheur dans plusieurs civilisations. Dans l'ancienne Babylone, certaines cérémonies religieuses réunissaient treize personnes, dont l'une allait être mise à mort. Dans la Bible, Jésus prend un dernier repas avec ses douze apôtres, dont l'un s'avère être un traître. Encore de nos jours, bien des personnes superstitieuses verront d'un très mauvais œil de se retrouver treize à table. Par contre, chez les Chinois et les Japonais, c'est le nombre 4 qui est considéré comme malchanceux parce que l'idéogramme qui le représente est le même que celui qui symbolise la mort.

Quelles sont les propriétés particulières de l'eau de Pâques ?

Selon cette tradition, qui a été transmise oralement et dont l'origine se perd dans la nuit des temps, il faut aller recueillir l'eau avant le lever du soleil, le matin de Pâques. Cette eau peut provenir d'un ruisseau, d'une rivière ou du fleuve et doit être puisée à contre-courant. Elle est censée se conserver pendant toute l'année et protège la maison de la foudre. Parmi ses autres propriétés, on dit qu'elle peut être utilisée pour soigner les maux de gorge, les troubles de la vue, les maladies de la peau et autres affections bénignes.

Pourquoi pleut-il toujours le Vendredi saint ?

Quand Jésus-Christ est mort en croix, on dit que le ciel s'est couvert de nuages et qu'il s'est mis à pleuvoir. Le Vendredi saint étant la journée commémorant la mort du Christ, on peut penser que le phénomène se reproduit chaque année, vers trois heures de l'après-midi. Cependant, si on consulte les statistiques sur les conditions météorologiques du Vendredi saint, on voit qu'il s'agit d'une journée comme les autres. Ensoleillée une année, pluvieuse la suivante.

Pourquoi des femmes refusent-elles de dire leur âge ?

Même si cette pratique universelle semble basée sur la coquetterie, elle pourrait aussi avoir des origines superstitieuses. En effet, dans certaines régions de la Grande-Bretagne, on croit qu'il est malchanceux de numéroter les choses parce que cela permet aux mauvais esprits de les identifier. Il en serait donc de même pour l'âge. Par contre, il existe un truc infaillible pour connaître l'âge d'une femme : obtenir un de ses cheveux, y attacher un petit anneau d'or et le suspendre à l'intérieur d'un verre. Il se mettra bientôt à osciller et frappera la paroi un nombre de fois égal à l'âge de la dame en question.

POURQUOI PORTE-T-ON L'ALLIANCE À L'ANNULAIRE ?

Depuis très longtemps, l'anneau de mariage symbolise l'union d'un homme et d'une femme. La forme circulaire, elle, rappelle l'éternité. Pendant très longtemps, on a cru qu'une veine partait de l'annulaire et se rendait jusqu'au cœur, siège des sentiments. Ce doigt était donc idéal pour porter un anneau qui symbolisait l'amour.

TOUCHER LA BOSSE D'UN BOSSU PEUT-IL PORTER CHANCE ?

Jadis, on voyait l'œuvre du diable chez les personnes souffrant de malformations physiques. Alors le fait de toucher la bosse d'un bossu était considéré comme un geste charitable et permettait de mettre celui qui lui touchait à l'abri de l'esprit du mal, donc de lui porter chance. Aujourd'hui encore, on dit que des bossus hantent les environs de certains casinos de la Côte d'Azur, en France, pour donner l'occasion aux joueurs de toucher à leur bosse. Il semble qu'ils gagnent bien leur vie avec les pourboires qu'on leur donne.

COMBIEN DE PÉCHÉS CAPITAUX Y AVAIT-IL À L'ORIGINE ?

À l'origine, les sept péchés capitaux étaient... huit. Définis en 345 ap. J.-C. par un moine du nom de Evrague Le Pontique, le pape Grégoire le Grand remplaça le désespoir par l'envie, en plus de supprimer la vanité, « le roi de tous les vices », au VIe siècle. Les huit péchés capitaux étaient donc les suivants :

La *gourmandise* qui rend malade ;

L'*avarice* qui cause la constipation ;

La *luxure* qui est la cause de maladies sexuelles ;

La *colère* qui est dangereuse pour la santé à cause des coups de sang qu'elle provoque ;

La *paresse* qui abaisse les défenses immunitaires, engendre la mélancolie et rend malade ;

Le *désespoir* qui nous enferme en nous-mêmes et qui donne des pulsions de mort ;

La *vanité* qui est une inflation indue de l'ego, comme dans le cas de la grenouille qui veut être aussi grosse que le bœuf ;

L'*orgueil* qui nous empêche d'accéder au bonheur.

AIMEZ-VOUS LES TÂCHES MÉNAGÈRES ?

Selon un sondage Gallup effectué aux États-Unis, les tâches ménagères ne sont pas toutes sur le même pied d'égalité. On a demandé à 1 325 personnes de dire quelle tâche ménagère leur déplaisait le plus. Voici les résultats :

Faire la vaisselle	17 %
Nettoyer la salle de bain	8,8 %
Repasser des vêtements	8,5 %
Récurer les planchers	7,5 %
Passer l'aspirateur	6,2 %
Laver les fenêtres	4,9 %
Cuisiner	4,8 %
Épousseter	4,7 %
Faire la lessive	4,7 %
Nettoyer le four	4,7 %
Nettoyer le réfrigérateur	1,7 %

POURQUOI CERTAINES RELIGIONS CONSIDÈRENT-ELLES LE PORC COMME IMPUR À LA CONSOMMATION ?

Quand l'Ancien Testament a été rédigé, le porc était domestiqué et consommé partout au Moyen-Orient. Selon certains ethnologues, le porc se serait acquis sa mauvaise réputation à cause de son style de vie et de son alimentation. En effet, les porcs, pour subsister, ont besoin des mêmes légumes que l'homme. De plus, ils ont besoin de beaucoup d'eau puisqu'ils ne transpirent pas. Comme à cette époque beaucoup de tribus hébreuses vivaient en nomades, il devenait beaucoup trop compliqué de traîner des porcs avec soi, compte tenu de leurs besoins en légumes et en eau, qui risquaient de priver les membres de la tribu de ce dont ils avaient besoin pour subsister.

En quoi consistaient les marathons de danse ?

Le premier marathon de danse eut lieu en Angleterre, en 1923. Il dura à peine neuf heures et demie. La même année, une Américaine, Alma Cummings, réussit à danser pendant 27 heures, à New York. Au cours des années 30, le phénomène s'amplifia. Chaque marathon pouvait attirer jusqu'à 5 000 spectateurs qui payaient pour voir les gens danser jour et nuit, jusqu'à épuisement total. En réalité, après un certain nombre d'heures de danse, la plupart des concurrents se contentaient de bouger un peu. Quand l'intérêt des spectateurs décroissait, on obligeait les danseurs à exécuter des sketches comiques et même des combats de lutte. Les concurrents avaient 15 minutes de pause par heure pour le repos, les premiers soins et les besoins naturels. Le marathon le plus long eut lieu à Chicago en 1930 et dura plus de 30 semaines, pour un grand prix de 2 000 $. À mesure que le temps passait, pour éliminer les concurrents les plus faibles, on diminuait la durée des pauses. Ces marathons furent officiellement interdits en 1933, mais se poursuivirent dans la clandestinité jusqu'à la fin des années 40. Le film *On achève bien les chevaux* de Sidney Pollack décrit bien l'atmosphère de ces marathons inhumains.

D'où vient la croyance de la cigogne qui transporte les bébés ?

La cigogne est un oiseau échassier qui émigre dans les pays chauds en hiver et revient s'installer dans les pays tempérés au printemps. En Allemagne et en Alsace, les cigognes font l'objet d'une véritable vénération et il n'est pas rare de les voir faire leur nid sur un clocher ou sur une vieille cheminée. Bien que cette croyance se perde dans la nuit des temps, la cigogne demeure un puissant symbole rattaché à la naissance. D'autres croyances sont aussi liées à cet oiseau qui est très dévoué à ses petits : une cigogne qui vole au-dessus d'une maison augure d'une naissance ; deux cigognes qui font leur nid chez vous représente une chance sans pareille ; un couple d'amoureux qui voit un couple de cigognes concevra bientôt un enfant.

LES ANNIVERSAIRES DE MARIAGE

Tout le monde connaît les noces d'or et les noces d'argent, qui marquent les 50e et 25e anniversaires de mariage. Mais que fête-t-on donc après 24 ans de vie commune ? Voici la liste complète de ces anniversaires.

1	Coton	28	Nickel
2	Cuir	29	Velours
3	Froment	30	Perle
4	Cire	31	Basane
5	Bois	32	Cuivre
6	Chypre	33	Porphyre
7	Laine	34	Ambre
8	Coquelicot	35	Rubis
9	Faïence	36	Mousseline
10	Étain / Fer	37	Papier
11	Corail	38	Mercure
12	Soie	39	Crêpe
13	Muguet	40	Émeraude
14	Plomb	41	Fer
15	Cristal	42	Nacre
16	Saphir	43	Flanelle
17	Rose	44	Topaze
18	Turquoise	45	Vermeil
19	Cretonne	46	Lavande
20	Porcelaine	47	Cachemire
21	Opale	48	Améthyste
22	Bronze	49	Cèdre
23	Béryl	50	Or
24	Satin	60	Diamant
25	Argent	70	Platine
26	Jade	75	Albâtre
27	Acajou	80	Chêne

D'OÙ VIENT LA RÉPUTATION DU TRIANGLE DES BERMUDES ?

Le Triangle des Bermudes désigne une région de la mer des Caraïbes située entre la Floride, les Bermudes et Porto Rico. La légende veut que de nombreux bateaux et avions y aient disparu de façon bien étrange au cours des siècles, mais ce n'est qu'en 1964 qu'un journaliste américain, Vincent Gaddis, a utilisé l'expression. Ces disparitions mystérieuses ont été attribuées aux extraterrestres ou à des distorsions spatio-temporelles qui enverraient les bâtiments dans d'autres dimensions. Mais la cause la plus plausible serait la présence de champs magnétiques puissants qui seraient en mesure de détraquer les instruments de navigation. Une zone semblable existe aussi dans l'ouest du Pacifique, entre le Japon et les îles Bonin, et a été surnommée la mer du Diable.

Le sacrifice suprême pour une femme hindoue

Anciennement, une veuve hindoue avait le devoir de s'immoler sur le bûcher funéraire de son époux pour lui assurer le repos éternel. Si elle refusait, elle était proscrite jusqu'à la fin de ses jours. Si le courage lui manquait pendant la cérémonie, des hommes se chargeaient de la pousser dans les flammes. Cette coutume, appelée satï, fut rendue illégale par les Britanniques en 1829, mais cela prit une trentaine d'années avant qu'elle cesse. On dit même qu'elle serait encore en vigueur dans certains coins de l'Inde.

Pourquoi entend-on la mer dans un coquillage ?

Le coquillage est une caisse harmonique naturelle. Ce que nous entendons, quand nous y collons l'oreille, n'est pas le bruit de la mer mais l'ensemble des sons, parfois imperceptibles, qui nous entourent. Ceux-ci pénètrent dans la coquille et sont amplifiés avant de revenir à notre oreille. Comme ces sons sont variés, ils reviennent pêle-mêle, donnant l'impression du grondement de la mer.

Qu'est-ce que l'apartheid ?

L'apartheid est une loi votée en 1948, en Afrique du Sud, et qui prône la séparation des races. De ce fait, une minorité de Blancs contrôle un pays habité par une majorité de Noirs. Ces derniers sont exclus du gouvernement et doivent se contenter d'emplois subalternes. Après la libération de Nelson Mandela, en 1990, des négociations ont été entreprises entre le gouvernement et diverses factions noires.

En 1991, le président De Klerck a annoncé la fin graduelle du système d'apartheid, qui devrait mener à la formation d'un gouvernement de transition « mixte ». En 1994, Nelson Mandela a été élu président de l'Afrique du Sud, poste qu'il a occupé jusqu'en 1999.

Pourquoi tout le monde ne célèbre-t-il pas le Nouvel An en même temps ?

Le calendrier grégorien que la majorité des peuples utilisent aujourd'hui, et qui est lui-même issu du calendrier julien, est basé sur la rotation de la Terre autour du Soleil et aussi sur les lunaisons. Par contre, d'autres calendriers utilisent le cycle lunaire. Ainsi, les Chinois célèbrent le Nouvel An lors de la deuxième nouvelle lune suivant le 22 décembre. Le calendrier juif est lui aussi basé sur le cycle lunaire et, par conséquent, le Nouvel An juif se produit vers la fin de l'été ou au début de l'automne. Les Musulmans, pour leur part, ont un calendrier qui ne comporte pas 365 jours. Pour cette raison, leur Nouvel An peut survenir à n'importe quelle période de l'année.

Le Nouvel An chinois

Comme le Nouvel An chinois est basé sur le cycle lunaire, il est célébré entre la mi-janvier et la mi-février. En préparation des célébrations, qui vont durer cinq jours, les familles en profitent pour régler leurs différends, faire le grand ménage de leur maison et la décorer. Lors de la troisième journée se déroule la danse du dragon. Ce dragon, dont la tête est faite de papier mâché et le corps, de tissus et de décorations, est animé par une douzaine d'hommes qui le promènent dans les rues en dansant. À cette occasion, on fait beaucoup de bruit pour éloigner les mauvais esprits. Le dragon, pour sa part, généralement de couleur rouge, est censé apporter la chance. Quand il passe devant une maison, on ouvre la porte pour laisser entrer la chance. Cette tradition persiste encore aujourd'hui et il est possible de voir la danse du dragon dans les quartiers chinois de nos grandes villes.

La parade du jour de l'An

Dans beaucoup de pays du monde, le jour de l'An est une occasion de manifester dans les rues et d'organiser des parades. Cette tradition se retrouve en Chine, en Allemagne, au Népal, en Thaïlande, au Maroc, en Grèce, en Syrie, en Inde, au Liban et aux États-Unis. Dans ce dernier cas, la parade est étroitement associée à des événements sportifs et plus particulièrement au football. Il y plus d'une centaine d'années, les Américains ont pris l'habitude de décorer leurs carrioles pour se rendre à leurs manifestations sportives préférées du jour de l'An. Cela a donné naissance à l'impressionnante parade annuelle du Tournoi des roses que l'on peut voir à la télévision chaque année.

Le jour de l'An dans le monde

Dans certaines régions du Portugal, les enfants se promènent d'une maison à l'autre en chantant des chansons de circonstance, les *janeiros*. Cela est censé apporter la chance aux gens qui les accueillent et qui, en retour, donnent aux enfants des pièces de monnaie et des friandises.

En Thaïlande, au cours d'une cérémonie spéciale qui se déroule le jour de l'An au matin, le roi donne un nom à la nouvelle année.

En Bolivie, les familles accrochent à l'extérieur de leurs maisons des poupées faites de bois et de paille. Cela est censé leur apporter la chance pour l'année à venir.

En Équateur, on construit un épouvantail à forme humaine et on l'assoit sur une chaise devant la maison. On dresse ensuite une liste des fautes passées, que l'on épingle sur l'épouvantail avant d'y mettre le feu. L'épouvantail représente la vieille année, qui s'envole ainsi en fumée, en même temps que les fautes commises.

En Roumanie, à venir jusqu'à tout récemment, on croyait que les animaux pouvaient parler le jour de l'An. Mais on se tenait loin d'eux, car le fait d'en entendre un était susceptible d'apporter la malchance.

Au Vietnam, le premier animal qui se manifeste le matin du jour de l'An est porteur d'un message pour l'année à venir. Le mugissement du buffle signifie qu'on ne manquera pas de travail. Le chant du coq augure une mauvaise récolte, puisque lui et les poules mangent les graines qui servent aux semailles. Enfin, l'aboiement du chien signifie qu'on sera protégé des voleurs.

QUI ÉTAIENT DÉDALE ET ICARE ?

Selon la mythologie grecque, Dédale et son fils Icare étaient prisonniers du roi Minos, en Crète. Pour s'évader de la citadelle où ils étaient enfermés, ils se construisirent des ailes avec de la cire et des plumes. Ils réussirent leur évasion mais Icare se serait aventuré trop près du Soleil. La cire qui retenait ses ailes aurait alors fondu et il se serait écrasé au sol.

QUI AVAIT LA RÉPUTATION DE CHANGER TOUT CE QU'IL TOUCHAIT EN OR ?

On raconte que le roi Midas aimait tellement l'or qu'il formula le souhait de pouvoir transformer en or tout ce qu'il touchait. Des messagers des dieux lui donnèrent le pouvoir qu'il désirait tant. Midas s'assoyait sur une chaise et celle-ci se changeait en or ; il touchait une fleur et il se produisait le même phénomène. Midas en fut très heureux jusqu'à ce qu'il fut l'heure de manger. Tous les aliments qu'il touchait se transformaient immédiatement en précieux métal. Après plusieurs jours de ce régime forcé, il dut demander aux dieux de lui retirer ce pouvoir.

LES AÎNÉS : CE QUI A CHANGÉ LEUR VIE

Lors d'une enquête faite en France auprès de personnes âgées, celles-ci étaient invitées à déterminer les choses qui avaient eu le plus d'impact sur leur vie depuis le début du siècle. Les répondants avaient la possibilité de donner plus d'une réponse. Voici les résultats.

Les équipements ménagers	78 %
La télévision	72 %
Le téléphone	69 %
Le chauffage central	52 %
L'automobile	48 %
La radio	33 %

Les vaccins	32 %
Les antibiotiques	29 %
La pilule contraceptive	24 %
L'avion	23 %
L'ordinateur	15 %
Le cinéma	9 %

COMBIEN Y A-T-IL DE DIABLES ?

Il y a bien longtemps, on s'est mis en frais de dénombrer les démons. Le démonologue du Vatican en dénombre pas moins de 1 758 640 176. Les plus connus sont Lucifer, Belzébuth, Astarot, Abracace, Adramélech, Belphégor, Amon, Gaziel, Alastor et Focalor.

UN PAYS : UNE DEVISE

La plupart des pays du monde ont leur devise. « D'un océan à l'autre » pour le Canada, « Je me souviens » pour le Québec. Voici une liste de pays ainsi que leur devise respective.

Afrique du Sud	L'union fait la force.
Barbades	Fierté et Travail.
Belgique	L'Union fait la force.
Birmanie	Le bonheur se trouve dans une vie harmonieusement disciplinée.
Brésil	Ordre et progrès.
Chili	Par la raison ou par la force.
Cuba	La patrie ou la mort. Nous vaincrons.
États-Unis	En Dieu notre confiance.
France	Liberté, égalité, fraternité.
Grande-Bretagne	Dieu et mon droit.
Haïti	Liberté, égalité, fraternité. L'union fait la force.
Inde	La vérité l'emportera.
Luxembourg	Je sers.
Ouganda	Pour Dieu et mon pays.
Pays-Bas	Je maintiendrai.
Portugal	Le bien de la nation.
Sénégal	Un peuple, un but, une foi.
Suisse	Un pour tous, tous pour un.

D'OÙ VIENT LA TRADITION DE LA POIGNÉE DE MAIN ?

Anciennement, l'homme utilisait des armes qu'il manipulait avec ses mains : gourdins, bâtons, épées, lances, etc. À l'origine, la main tendue servait à montrer qu'on ne tenait pas d'arme. C'était une manifestation de bonne foi et de confiance. La tradition est demeurée.

POURQUOI TEND-ON LA MAIN DROITE ?

Quand on donne une poignée de main, on tend instinctivement la droite. Étant donné que la grande majorité des individus sont droitiers et ont donc développé plus d'habileté de la droite, c'est rapidement devenu une convention à laquelle même les gauchers se plient. Chez les Romains, deux mains droites réunies symbolisaient l'amitié.

LE CHRIST EST-IL BIEN NÉ LE 25 DÉCEMBRE ?

Il n'est pas possible de savoir exactement à quelle date est né le Christ. À travers l'histoire, de nombreuses dates ont été attribuées à sa naissance : 6 janvier, 25 mars, 10 avril, 29 mai, etc. C'est depuis l'an 354 que le 25 décembre est devenu sa date de naissance officielle. L'hypothèse la plus plausible concernant le choix de cette date serait lié non pas à sa naissance, mais au désir de l'Église catholique romaine de récupérer (pour mieux les faire disparaître) plusieurs fêtes païennes qui se déroulaient à la même période de l'année.

QU'ÉTAIENT LES SATURNALES ?

Dans l'Antiquité, du 17 au 24 décembre, les Romains fêtaient les Saturnales, nommées ainsi en l'honneur de Saturne, le dieu des semailles et de l'agriculture. Parmi les activités, il y avait une journée entièrement consacrée aux enfants, une autre où maîtres et esclaves s'échangeaient leurs rôles. On choisissait aussi un jeune soldat romain que l'on habillait de façon royale. Pendant 30 jours, celui-ci avait le droit de faire tout ce qui lui plaisait, de donner libre cours à toutes ses passions. Mais quand la dernière journée arrivait, il devait se trancher la gorge lui-même sur un autel consacré à Saturne.

QUELLE EST L'ORIGINE DE LA BÛCHE DE NOËL ?

Ce beau gâteau qui a la forme d'une bûche et que l'on mange surtout dans le temps des fêtes a pour origine une vraie bûche. Il faut dire que dans l'Europe du Moyen Âge, les foyers des maisons étaient des endroits privilégiés puisqu'ils procuraient le confort, la chaleur et qu'ils servaient à la cuisson des aliments. À Noël, la coutume voulait qu'on fasse brûler une grosse bûche, parfois même en lui laissant ses racines. On la mettait au feu en récitant des prières. En la regardant se consumer, on pouvait faire des prédictions sur le nombre de poulets qui allaient naître pendant l'année ou sur les mariages à venir, selon le nombre d'étincelles qu'elle produisait. On laissait généralement la bûche se consumer pendant trois jours. On gardait ensuite précieusement la cendre en raison des vertus protectrices qu'on lui prêtait : elle préservait la maison de la maladie, des accidents et des pucerons, elle éloignait les renards, elle faisait fructifier les récoltes. Avec le temps, les maisons se sont modernisées, les foyers se sont faits de plus en plus discrets et, par la force des choses, les bûches sont devenues symboliques, prenant la forme des gâteaux que l'on connaît aujourd'hui.

D'OÙ VIENT LA TRADITION DES CADEAUX DE NOËL DANS LES BAS ?

C'est à saint Nicolas qu'il faut attribuer cette tradition. Selon la légende, celui-ci se serait rendu à la maison de trois jeunes femmes très pauvres pendant la nuit de Noël et aurait laissé tomber des pièces de monnaie dans la cheminée. Or les trois jeunes femmes avaient justement lavé leurs bas et les avaient suspendus à la cheminée pour qu'ils sèchent plus rapidement. Ce n'est que le lendemain qu'elles découvrirent les pièces qui avaient glissé dans leurs bas. La nouvelle s'est répandue comme une traînée de poudre et dès l'année suivante, les gens commencèrent à accrocher des bas à la cheminée, espérant que saint Nicolas allait les emplir de pièces.

S'EMBRASSER SOUS UNE BRANCHE DE GUI

Lorsque deux amoureux s'embrassent sous une branche de gui dans le temps des fêtes, on dit que cela ne pourra que leur être bénéfique. Cela vient probablement du fait qu'anciennement, les druides considéraient le gui comme une plante sacrée, qu'ils appelaient d'ailleurs « rameau d'or » et qu'ils étaient les seuls à pouvoir cueillir. On lui attribuait, entre autres pouvoirs, celui de guérir la maladie et la stérilité. On disait que des ennemis qui se rencontraient sous une branche de gui jetaient les armes, se saluaient et faisaient une trêve jusqu'au lendemain. Mais dans certaines régions d'Europe, la tradition du baiser sous la branche de gui doit s'accompagner de certaines précautions. En effet, quand des amoureux se sont embrassés sous une branche de gui, ils doivent faire brûler celle-ci lors de la douzième nuit subséquente, sinon ils se querelleront avant la fin de l'année.

La légende de Babouchka

En Russie, c'est le 1er janvier que l'on fait les échanges de cadeaux. Dans certaines régions du pays, on raconte que les Rois mages, s'étant égarés en cherchant l'enfant Jésus, s'arrêtèrent chez Babouchka pour demander leur chemin. Ils lui auraient aussi demandé de les accompagner. Babouchka refusa, prétextant qu'il faisait trop froid. Le lendemain, prise de remords, elle remplit un grand sac de cadeaux pour l'enfant Jésus et tenta de suivre leurs traces. Malheureusement, la neige fraîche les avait fait disparaître. Elle eut beau aller partout, elle ne les retrouva jamais. Depuis, chaque année, elle reprend la route avec son sac de jouets et les distribue aux enfants, comme pour se faire pardonner de ne pas avoir suivi les Rois mages.

L'origine de la carte de Noël

L'envoi de cartes de Noël est une tradition qui date de la fin du XIXe siècle et qui vient d'Angleterre. Elle a pour origine des cartes que l'on faisait réaliser aux élèves des collèges anglais pour leurs parents. Il s'agissait de longues feuilles de papier sur lesquelles les étudiants transmettaient leurs souhaits à leurs parents et aux autres membres de leur famille. Ces souhaits étaient rédigés en écriture gothique et la carte contenait aussi quelques dessins. Sir Henry Cole, l'inventeur du service postal moderne, trouva l'idée amusante et vit son potentiel commercial. Il demanda à un dessinateur de créer trois cartes de style médiéval qu'il mit aussitôt en vente. Le succès fut immédiat : dès 1880, plusieurs compagnies reprenaient le principe et se mirent à imprimer des cartes à plusieurs milliers d'exemplaires.

DEPUIS QUAND CÉLÈBRE-T-ON LA MESSE DE MINUIT ?

C'est en 429 que l'empereur Justinien a déclaré Noël jour férié. En 506, le concile d'Agde invite tous les chrétiens à recevoir la communion à cette occasion. Naturellement, Noël est déjà une journée de recueillement et une occasion d'assister à la messe. Le concile de Tours, tenu en 567, institue le jeûne pendant la période de l'avent et décrète que la période allant de Noël à l'Épiphanie est une période sainte. La fête et les rites de Noël se répandent dans toute l'Europe entre l'an 500 et l'an 1000, mais ce serait saint Adalbert qui, en 997, en Hongrie, aurait développé le principe même de la messe de minuit telle que nous la connaissons.

Y A-T-IL DES TRADITIONS DE NOËL QUI ONT ÉTÉ ABOLIES AVEC LE TEMPS ?

Au Moyen Âge, on a assisté à une prolifération de rites de Noël plus étranges les uns que les autres. Parmi ceux-ci, il y avait l'office de l'âne, qui visait à honorer l'animal qui avait transporté Marie. Des prières spéciales étaient récitées à l'église en présence d'un âne vêtu d'une cape d'or et les fidèles ajoutaient des « hi-han » à toutes leurs réponses. L'Église fit interdire ce genre de célébration, considérant son manque total de dignité. Toujours au Moyen Âge, il y eut aussi pendant un certain temps la « journée des fous », directement inspirée des Saturnales que célébraient les Romains. Lors de cette journée, les gens, incluant les prêtres et les évêques, s'échangeaient leurs rôles et se livraient aux pires excès. L'Église fit rapidement interdire cette sorte de manifestation.

POURQUOI PORTE-T-ON DU NOIR AUX OBSÈQUES ?

En Europe et en Amérique, il est de mise de porter des vêtements noirs ou foncés lors de funérailles. Ceux-ci sont des signes de chagrin et traduisent la gravité de la circonstance.

Cependant, il n'en a pas toujours été ainsi. Anciennement, on croyait que l'esprit du mort continuait à rôder et n'attendait que le moment propice pour entraîner quelqu'un dans l'au-delà, afin de lui tenir compagnie. Pour ne pas attirer l'attention des esprits des morts, on portait des vêtements ternes et foncés.

La démocratie en pleine action !

Au Liberia, en 1927, le gouvernement du président Charles D. B. King fut réélu par une majorité de 234 000 voix. Chose assez étonnante quand on sait que 15 000 personnes seulement s'étaient prévalues de leur droit de vote.

En 1962, en Corée du Nord, les résultats post-électoraux indiquaient un taux de participation de l'ordre de 100 %. Le parti du travail de Corée avait recueilli tous les suffrages.

En Albanie, en 1982, le candidat présidentiel fut élu à l'unanimité, recueillant 1 697 967 voix sur 1 697 968.

Le plus grand scrutin jamais tenu le fut en Inde. Près de 500 000 000 de personnes étaient admissibles à voter dans 593 000 bureaux de scrutin pour élire les 543 membres de la chambre basse. Deux cent quatre-vingt-onze partis politiques étaient en lice.

Quelle est l'origine de la Saint-Valentin ?

Plusieurs siècles av. J.-C., les Romains avaient une coutume assez particulière. Les jeunes gens se rassemblaient pour une fête initiatique en l'honneur de Lupercus, le dieu protecteur des bergers. Pendant la fête, les jeunes hommes mettaient leur nom sur un bout de papier qui était déposé dans une urne ; les jeunes femmes faisaient de même de leur côté. On tirait un nom au sort dans chaque urne et le jeune couple ainsi formé allait pouvoir laisser libre cours à ses débordements sexuels et amoureux pendant une année complète. En 496, l'Église catholique réussit à supprimer la fête de Lupercus et la remplaça par la Saint-Valentin en l'honneur d'un martyr qui s'était opposé à l'empereur Claude II. Ce dernier ayant fait interdire le mariage pour que ses hommes conservent leurs ardeurs guerrières, Valentin avait osé continuer de célébrer des mariages en cachette. Après l'instauration de la Saint-

Valentin, le principe de la loterie fut conservé, mais dans l'urne des jeunes filles, on n'y retrouvait plus que le nom du saint, dont le gagnant s'engageait à suivre l'exemple. Graduellement, le rite initiatique fut remplacé par des attentions plus délicates, comme celles d'offrir des cadeaux et des vœux tendres.

LES GRECS ET LES ROMAINS AVAIENT-ILS LES MÊMES DIEUX ?

Les Grecs et les Romains avaient toute une panoplie de dieux dans lesquels il est souvent difficile de se démêler, d'autant plus que les Romains en ont emprunté aux Grecs tout en ne changeant que leurs noms. Voici donc la liste des principaux dieux romains et grecs, de même que leur domaine respectif.

Nom romain/nom grec	
Apollon / Apollon Phoebus	dieux médecin, solaire, arts
Bacchus / Dionysos	dieu du vin et de l'extase
Cérès / Déméter	déesse de la terre et des céréales
Diane / Artémis	divinité agraire, déesse de la chasse
Junon / Héra	protectrice de la femme et de la maternité
Jupiter / Zeus	dieu du ciel, maître de l'Univers
Juventus / Hébé	déesse de la jeunesse
Mars / Arès	dieu de la guerre
Mercure / Hermès	dieu du commerce et de l'éloquence
Minerve / Athéna	déesse de l'intelligence
Neptune / Poséidon	dieu de la mer
Vénus / Aphrodite	déesse de l'amour et de la beauté
Vesta / Hestia	déesse du foyer

POURQUOI L'AN NOUVEAU COMMENCE-T-IL LE PREMIER JANVIER ?

Il s'agit d'une convention purement arbitraire puisque rien dans l'orbite terrestre ne permet de préciser quand commence ou s'arrête une année. D'ailleurs, au cours des siècles, le Nouvel An a souvent débuté à des dates très différentes. Au XIIIe siècle, en France, l'année débutait le 25 mars, et on s'échangeait les cadeaux au début d'avril, ce qui est d'ailleurs probablement l'origine du poisson d'avril où on se fait de faux cadeaux. C'est Charles IX, en 1564, qui décréta que l'année allait commencer le 1er janvier. Pendant ce temps, en Russie, l'an commençait le 1er septembre. De 1793 à 1806, la France revint à un autre système selon lequel l'année débutait le jour de l'équinoxe d'automne. Heureusement, tous les pays du monde ont maintenant adopté le calendrier grégorien comme calendrier civil.

Quand le père Noël est-il né ?

Le père Noël serait né en 1822 de l'imagination d'un pasteur, Clement Clarke Moore. Celui-ci aurait imaginé le personnage dans un poème pour ses enfants et l'illustrateur Thomas Nast lui aurait donné la personnalité que nous lui connaissons.

LES MOTS ET LEUR ORIGINE

D'OÙ VIENT LE MOT ÉTRENNES ?

Le mot étrennes viendrait de la déesse Strena. À Rome, à la fin de chaque année, on avait coutume de couper des rameaux de verveine dans une forêt consacrée à cette déesse pour les donner en cadeaux. Souvent, c'étaient les enfants qui allaient porter ces cadeaux et qui en recevaient d'autres en retour.

QU'EST-CE QUE L'AVENT ?

L'avent, du latin *adventus* qui signifie « arrivée, venue » est une période de préparation morale d'une durée de quatre semaines que les chrétiens devaient s'imposer à l'approche d'une fête importante, comme Pâques ou Noël. Anciennement, on s'y préparait en jeûnant. On parlait alors du « carême de Noël ». Celui-ci a été aboli au début du siècle, alors que celui de Pâques était de rigueur il n'y a pas si longtemps encore.

LA DIFFÉRENCE ENTRE UNE FABLE, UNE LÉGENDE ET UN CONTE

De tout temps, fables, légendes et contes ont permis de personnifier les forces de la nature contre lesquelles l'homme doit se battre. Par contre, chacun représente un genre littéraire en soi. La fable est un récit généralement court, dans lequel les animaux ont des comportements humains facilement reconnaissables et qui contient presque toujours une leçon de vie. La légende est une histoire qui tourne généralement autour de héros, imaginaires ou réels. Ces héros doivent subir des épreuves avant de triompher. Le conte, pour sa part, découle souvent de faits remarquables qui ont, au cours des ans, été enrichis par des inventions invraisemblables ou fantastiques.

Qu'est-ce qu'un rond de sorcières ?

Il arrive souvent que des champignons, dont les faux mousserons, poussent en formations concentriques dans les champs. Anciennement, on croyait que des réunions de sorcières avaient eu lieu en ces endroits et que ces champignons indiquaient les endroits où elles avaient posé les pieds lors de leurs danses.

Existe-t-il des hommes bleus sur la Terre ?

Il existe des tribus nomades dans le désert du Sahara que l'on surnomme effectivement les « hommes bleus du désert », mais ils n'ont pas la peau vraiment bleue. Pour se protéger du soleil et de la chaleur, ils portent d'amples vêtements de couleur bleue. À la longue, à cause des colorants contenus dans les tissus et de leur transpiration, le bleu déteint sur leur peau. C'est ce qui leur a valu leur surnom.

Pourquoi le maïs s'appelle-t-il aussi le blé d'Inde ?

Il ne faut pas oublier que la découverte de l'Amérique a été accidentelle. En réalité, Christophe Colomb cherchait un passage vers les Indes quand il a découvert notre continent. Cela explique entre autres pourquoi les habitants de l'Amérique ont reçu le nom d'Indiens et pourquoi aussi le maïs a reçu le nom de blé d'Inde.

D'où vient l'expression chanter comme un rossignol ?

Le rossignol, aussi appelé rossignol chanteur, est un petit oiseau qui appartient à la famille des grives. Son plumage est quelconque, mais son chant, très caractéristique, est varié et très puissant. Il ne craint pas les hommes et n'hésite pas à faire son nid près d'une habitation. On dit même que Beethoven a essayé de reproduire son chant dans certains passages de la *Symphonie pastorale*.

Ecnalubma ?...

Le mot « AMBULANCE » est écrit à l'envers sur le capot des ambulances tout simplement pour que les conducteurs qui les précèdent puissent lire le mot à l'endroit dans leur rétroviseur. De cette façon, les chances sont augmentées que l'automobiliste cède le passage.

Qu'est-ce que l'ADN ?

ADN est l'acronyme de acide désoxyribonucléique. Cet acide fait partie des chromosomes qui constituent les particules des cellules liées à l'hérédité. Chez l'homme, l'ADN est constitué de quatre sortes de constituants moléculaires qui sont disposés en spirale le long de ce qui ressemble à un ruban, qu'on appelle aussi « hélice de la vie ». L'ADN transporte donc le bagage génétique de chaque individu, en plus de contenir toutes les instructions relatives au fonctionnement des cellules du corps humain. Bien qu'identiques chez tous les humains, les quatre constituants peuvent s'organiser de tellement de façons qu'il est impossible de retrouver le même arrangement chez deux personnes différentes. C'est pour cette raison que l'ADN est de plus en plus utilisé dans les causes criminelles. Il suffit que l'on ait à sa disposition un minuscule échantillon — ongle, cheveu, sécrétion, sang, sperme — provenant des lieux du crime pour le comparer à l'ADN de l'accusé. L'équivalent d'empreintes digitales génétiques !

D'où vient le terme « vandalisme » ?

Un vandale est quelqu'un qui détruit des choses sans raison précise ou pour le seul plaisir. Le mot vient des Vandales, une tribu de barbares germaniques qui envahirent une bonne partie du sud de l'Europe et qui saccagèrent Rome en l'an 455. Comme d'autres tribus barbares, ils avaient la manie de détruire tout ce qui se trouvait sur leur passage.

Pourquoi les indigènes d'Amérique du Nord ont-ils reçu le nom d'Indiens ?

Quand Christophe Colomb a découvert l'Amérique, il était tellement convaincu d'être arrivé aux Indes qu'il lui sembla tout à fait normal de donner le nom d'Indiens à ses habitants.

Quelle est l'origine du Teddy Bear ?

Le *Teddy Bear* est cet ourson en peluche qui a apporté — et apporte encore — le réconfort à des millions d'enfants et d'adultes en servant d'exutoire. Créé en 1902, il tient son nom du président américain Théodore « Teddy » Roosevelt qui, lors d'une partie de chasse, refusa de tirer sur un ours qui avait été pris au piège.

D'OÙ VIENT LE MOT CÉSARIENNE ?

On a longtemps pensé que le nom provenait de la façon dont Jules César est né. On sait maintenant que ce mot vient du latin *lex caesare*, soit le nom d'une loi qui ordonnait qu'une femme qui mourait lors des dernières semaines de sa grossesse soit opérée pour sauver la vie de l'enfant qu'elle portait.

QUI A INVENTÉ LES CHIFFRES ?

Les chiffres, tels qu'on les connaît aujourd'hui, sont une invention des Arabes. On utilise d'ailleurs le terme de « chiffres arabes » par opposition à « chiffres romains ». L'utilisation des chiffres arabes est aujourd'hui presque universellement répandue. Par contre, il semble que les Indiens avaient déjà inventé un système de chiffres plusieurs milliers d'années auparavant.

POURQUOI NOTRE PAYS S'APPELLE-T-IL LE CANADA ?

Quand Jacques Cartier a découvert notre pays, il a demandé aux Indiens quel nom ceux-ci donnaient à leur pays. Ceux-ci, croyant qu'il parlait de leur village, lui répondirent *kanada*, qui signifie « village ».

QUAND UN BATEAU SE DÉPLACE À LA VITESSE D'UN NŒUD...

Cette mesure vient de vieilles traditions marines. Encore aujourd'hui, la vitesse des bateaux est calculée en nœuds. Un nœud est égal à la vitesse nécessaire à franchir un mille nautique en une heure et un mille nautique mesure 1 853 m (6 080 pi).

QUE VEULENT DIRE LES LETTRES « RSVP » AU BAS D'UNE INVITATION ?

Ces lettres veulent dire « Répondez s'il vous plaît ». Les Américains et les Anglais doivent éprouver beaucoup plus de difficulté que nous à les déchiffrer parce que RSVP est aussi utilisé chez eux.

MAYDAY ! MAYDAY !

Partout dans le monde, bateaux et avions utilisent ces mots pour indiquer qu'ils sont en danger. C'est un appel de détresse qui est maintenant international. On croit que le mot tirerait son origine du français « m'aidez ».

QUI ÉTAIENT LES FAUVES ?

Les Fauves étaient un groupe de peintres français qui incluait des gens comme Matisse, Rouault, Marquet, Derain et Vlaminck. Leur peinture était à base de couleurs violentes et de formes distordues. Quand un critique, qui trouvait leur art sauvage, utilisa le terme « Les Fauves » pour les désigner, ce nom leur resta.

QUE SONT LES FONTS BAPTISMAUX ?

Au début de l'ère chrétienne, on baptisait les gens alors qu'ils étaient adultes et le baptême se faisait par immersion totale. Les cuves devaient donc être assez grandes pour permettre à des adultes de s'y immerger complètement. On a donné à ces cuves le nom de « fonts », un mot qui a la même origine que « fontaine ».

D'OÙ VIENT LE MOT CAFÉ ?

Selon la légende, le café fut découvert accidentellement vers l'an 850 par un berger d'Éthiopie, après que ses chèvres eurent mangé les graines d'une plante verte. Cela se passait dans la province de Kaffa et ce serait là l'origine du mot « café ». On prétend aussi que le mot viendrait de l'arabe *gahwah*, puisque ce sont les Arabes qui ont fait découvrir le café aux Européens au XVIe siècle.

POURQUOI LB EST-IL L'ABRÉVIATION DE LIVRE ?

La livre est une unité de mesure de poids qui est utilisée depuis fort longtemps. Depuis si longtemps, en fait, que l'abréviation lb date du temps où on utilisait encore le mot latin *libra*. Au fait, même au pluriel, lb ne prend jamais de s.

Que veulent dire les lettres VIP ?

VIP signifie *Very Important Person*. Si on vous offre un traitement VIP, cela signifie qu'on vous traitera avec tous les égards dus à une personnalité.

Les noms des journées

Les noms français des jours de la semaine nous viennent des Romains, sauf pour le samedi et le dimanche.

Samedi :	Vient du mot hébreu *Sabbath*.
Dimanche :	Jour du seigneur de la religion chrétienne.
Lundi :	Chez les Romains, c'était le jour qui était dédié à la Lune.
Mardi :	Vient de Mars, dieu romain de la guerre.
Mercredi :	Vient de Mercure, dieu romain du commerce.
Jeudi :	Vient de Jupiter, qui était le roi des dieux.
Vendredi :	Vient de Vénus, déesse romaine de l'amour.

Qu'est-ce qu'un ghetto ?

À travers l'histoire, il y a toujours eu des hommes qui ont été persécutés et maltraités par d'autres, que ce soit pour des différences de couleur de peau, de croyance, de langue ou de culture. En 1516, à Venise, les Juifs faisaient l'objet de persécutions et le conseil municipal décida que tous les Juifs devaient habiter dans une petite île. On dit que ghetto vient de l'hébreu *ghet* qui signifie « divorce », mais d'autres linguistes prétendent que ce mot vient d'un mot italien qui désignait un métal fabriqué dans cette petite île. Quoi qu'il en soit, le mot *ghet* est devenu ghetto et désigne des quartiers où des membres de minorités doivent habiter, soit parce que la loi les y oblige, soit parce que la ségrégation dont ils sont victimes ne leur permet pas d'habiter ailleurs.

Qu'est-ce qu'une utopie ?

Les hommes ont toujours rêvé d'une société idéale, où tout le monde serait heureux tout le temps. Malheureusement, un tel endroit n'existe pas ; c'est donc une utopie. Le mot utopie est tiré du grec et signifie « aucun endroit ». Il fut utilisé pour la première fois par Thomas Moore, un écrivain anglais qui publia un livre appelé en 1516 *Utopia*. Utopia était une île où tout était parfait : pas d'inégalités sociales, pas de gouvernement, une société où les gens connaissaient le bonheur. Son idée de base était cependant empruntée au philosophe grec Platon, dans un ouvrage décrivant l'état parfait. De nos jours, quand des gens parlent d'apporter des modifications majeures à notre société pour la rendre meilleure, on dit que c'est utopique et qu'une société parfaite ne peut pas exister.

QUELLE EST L'ORIGINE DU BOUC ÉMISSAIRE ?

De tout temps, il y a eu des gens qui ont dû expier pour les fautes des autres. L'expression « bouc émissaire » viendrait d'une ancienne pratique juive qui se déroulait la journée du Yom Kippour (le jour du grand Pardon), alors qu'un grand prêtre posait les mains sur la tête d'un bouc pour absoudre les enfants d'Israël de leurs péchés. Par la suite, l'animal était transporté dans le désert et abandonné à son sort. En Europe, le bouc émissaire eut même un statut officiel dans certaines cours. Quand le roi Henri IV d'Angleterre renia sa foi protestante pour le catholicisme, il envoya deux ambassadeurs à Rome pour y être fouettés à sa place, en expiation de ses péchés passés.

QU'EST-CE QU'UN ADAV ?

ADAV signifie « appareil à décollage et atterrissage verticaux ». Conçu par la firme Moller International, ce véhicule ressemble à une soucoupe volante et est propulsé par huit moteurs à hélice. La compagnie travaille présentement à élaborer un modèle à quatre places qui pourrait atteindre la vitesse de 650 km/h et 9 000 m d'altitude. La consommation prévue est de 15 L par 100 kilomètres. Présentement, ces appareils coûtent une petite fortune, mais l'inventeur, Paul Moller, espère que les prix vont dégringoler à mesure que la demande va se faire plus importante. La solution aux embouteillages ?...

D'OÙ LE BIKINI TIRE-T-IL SON NOM ?

Ce maillot de bain deux-pièces faisait partie d'une collection présentée en 1946 par le couturier français Louis Réard. Jugé audacieux, explosif même, il tient son nom d'un petit atoll du Pacifique, Bikini, où les Américains avaient fait exploser une bombe atomique quelques jours auparavant.

QUELLE EST L'ORIGINE DE LA POUBELLE ?

Le 7 mars 1884, le préfet de Grenoble, en France, publiait un arrêté à l'intention des propriétaires d'immeuble, les obligeant « de mettre à la disposition des locataires un ou plusieurs récipients communs pour recevoir les résidus de ménage ». Ce sont les balayeurs municipaux qui devaient collecter le contenu de ces récipients. Ils se promenaient dans les ruelles et annonçaient leur passage au moyen d'une corne. Au fait, le préfet en question s'appelait Eugène Poubelle...

LA MOUTARDE DE DIJON PORTE-T-ELLE BIEN SON NOM ?

La culture et les techniques de fabrication de la moutarde de Dijon sont bien nées à Dijon, mais seulement 2 à 5 % des graines de moutarde utilisées proviennent de France. En effet, la majorité des 26 000 tonnes de graines nécessaires à la production annuelle provient du Canada, qui, depuis les années 30, a trouvé le moyen de cultiver et de fournir les graines à bien meilleur marché. Par contre, des experts français essaient de convaincre les éleveurs français à reprendre cette culture, particulièrement dans la région de Dijon.

D'OÙ VIENT L'EXPRESSION FIER COMME UN POU ?

On connaît bien l'expression « laid comme un pou » et elle semble beaucoup plus pertinente que celle qui nous préoccupe ici. En réalité, l'expression « fier comme un pou » date du temps où le pou était le mot français qui désignait ce que l'on appelle aujourd'hui un coq. Plus réaliste, non ?

POURQUOI MESURE-T-ON LA TEMPÉRATURE EN FAHRENHEIT ET EN CELSIUS ?

Quand le physicien allemand Daniel Gabriel Fahrenheit mit au point son système pour évaluer la température en 1715, il existait alors 35 échelles différentes, ce qui entraînait beaucoup de confusion. L'échelle proposée par Fahrenheit connut un succès immédiat. Par contre, le physicien suédois Anders Celsius proposa en 1742 une autre échelle où l'eau gèle à 0 °C et bout à 100 °C (contre 32 et 212 pour Fahrenheit). Compte tenu de sa simplicité, ce système devint tout de suite la norme dans les pays qui avaient adopté le système métrique.

QUELLE EST L'ORIGINE DU MACADAM ?

En 1783, un certain John Loudon McAdam fut nommé administrateur des routes en Écosse. Se rendant compte du pitoyable état dans lequel celles-ci étaient, il travailla pendant 30 ans à les améliorer. Il élabora une technique de pavage de route au moyen de couches successives de cailloux de plus en plus petits. La dernière couche se compactait toute seule grâce au poids des véhicules qui y circulaient. Dès 1815, son procédé fut adopté en Angleterre. Mais ce n'est qu'en 1854, soit 18 ans après la mort de McAdam, qu'un géomètre britannique eut l'idée d'y mélanger du goudron pour rendre le revêtement dur et lisse. Ce géomètre s'appelait Hooley, mais il baptisa son procédé en hommage à celui qui l'avait inspiré.

QUE SIGNIFIENT LES LETTRES YKK QUE L'ON VOIT SOUVENT SUR LA LANGUETTE DES FERMETURES ÉCLAIR ?

Ces trois lettres remplacent « Yoshida Kogyo Kabushikikaisha », qui, traduit librement du japonais, signifie les Industries Yoshida inc. Cette compagnie, fondée par monsieur Tadao Yoshida, est de loin le plus grand manufacturier de fermetures éclair au monde. Pas surprenant donc que l'on voie les lettres YKK si souvent.

D'OÙ VIENT LE NOM DU 7UP (SEVEN UP) ?

Le 7UP a été lancé sur le marché en 1929 par C. L. Grigg, fondateur de la Howdy Company, après plusieurs années de recherche sur une boisson à base de citron. À l'origine, celui-ci était d'une couleur brun caramel et était composé de sept substances naturelles. De plus, on axait la publicité sur le fait que le produit avait un effet tonique (*uplifting*), d'où le nom de 7UP.

D'OÙ VIENT L'EXPRESSION FAIRE LE PIED DE GRUE ?

Cette expression, qui signifie « attendre longtemps à la même place », vient du fait que les grues, qui sont des oiseaux de la famille des échassiers, peuvent rester immobiles très longtemps en se tenant sur une seule patte.

D'OÙ VIENT L'EXPRESSION MONTER SUR SES GRANDS CHEVAUX ?

Cette expression signifie « entrer dans une violente colère ». Elle provient du langage de la chevalerie du Moyen Âge, alors que les seigneurs avaient généralement deux chevaux : un pour la parade et un pour la guerre. Quand ils laissaient leurs chevaux de parade pour monter sur leurs grand chevaux, ou leurs destriers, c'est qu'ils partaient pour la guerre.

COMMENT WILLIAM CODY A-T-IL MÉRITÉ SON SURNOM DE BUFFALO BILL ?

Au début des années 1800, on estime qu'entre deux et trois millions de bisons étaient abattus chaque année. William Frederick Cody en a déjà abattu 69 en une seule journée et son record est de 4 862 pour une seule saison. Grâce à des exploits de ce genre, il ne restait plus que 250 bisons à l'état sauvage aux États-Unis en 1900.

ÊTES-VOUS UN COLLECTIONNEUR ?

Certaines collections sont tout à fait insolites. Par contre, les noms qui qualifient les types de collectionneurs le sont parfois encore plus...

Bibliophiliste	livres
Buticolaricrophiliste	bouteilles d'alcool miniatures
Cartophiliste	cartes postales
Cervalobélophiliste	sous-verres à bière
Clavophiliste	clés anciennes
Conchyophiliste	coquillages
Copocléphiliste	porte-clés
Erinnophilistes	vignettes
Éthylabélophiliste	étiquettes de bouteilles d'alcool et de liqueurs

Ferroviphiliste	tout ce qui a trait aux chemins de fer
Fibulanomiste	boutons
Glacophiliste	pots de yogourt
Glycophiliste	emballages de sucre
Jénonophiliste	jetons
Marcophiliste	cachets de poste
Mérellophiliste	minéraux
Minéralophiliste	minéraux
Nicophiliste	paquets de cigarettes
Numismate	monnaies
Œnosémiophiliste	étiquettes de bouteilles de vin
Dolophiliste	œufs
Plombophiliste	sceaux de douane, plombs fiscaux
Philatéliste	timbres-poste
Philuméniste	boîtes d'allumettes
Scrinophiliste	sceaux
Tabacophiliste	tout ce qui a trait au tabac
Tyrosémiophiliste	étiquettes de boîtes de fromage
Véxillophiliste	drapeaux
Vitolphiliste	bagues de cigares

D'OÙ VIENT LE TERME « PAPARAZZI » ?

Le mot « paparazzi » désigne ces photographes de presse qui sont toujours à la recherche de photos de personnalités connues pour les journaux à sensations. Dans son film *La Dolce Vita*, Federico Fellini met en scène un certain Paparazzo, qui est photographe et qui se spécialise dans la vente de clichés compromettants. Fellini avait choisi le nom pour rappeler un « vulgaire insecte, agaçant par son bourdonnement et dangereux par ses piqûres ».

D'OÙ VIENT LE MOT « CANICULE » POUR DÉSIGNER UNE PÉRIODE DE CHALEUR ?

Dans l'Antiquité, les Égyptiens avaient remarqué qu'une étoile brillante, appelée Sopt, apparaissait vers le 19 juillet de chaque année, juste avant le lever du Soleil. Elle annonçait le début des crues du Nil qui allaient fertiliser toute la plaine. L'arrivée de cette étoile marquait le début du calendrier civil.

Par la suite, les Grecs donnèrent le nom de Grand chien à la constellation à laquelle appartenait cette étoile. Plus tard encore, les Romains baptisèrent l'étoile Canicula (petite chienne). Comme elle se levait à une période de l'année où sévissaient les plus grandes chaleurs dans l'hémisphère Nord, on associa ce nom aux chaleurs comme telles. Encore aujourd'hui, on appelle canicule une période de grande chaleur.

D'OÙ VIENT LE NOM DE L'ÎLE DE PÂQUES ?

Perdue en plein milieu du Pacifique, cette île excite l'imagination en raison des statues gigantesques que l'on y retrouve et dont on ne connaît pas encore la signification. Elle tient son nom du fait qu'elle a été découverte le jour de Pâques 1722.

QU'EST-CE QUE LE SMOG ET D'OÙ VIENT LE NOM ?

Le smog est une nappe de fumée (*smoke*) mêlée à du brouillard (*fog*) qui recouvre parfois certaines grandes agglomérations. Plus précisément, le smog est formé des échappements industriels, de fumée domestique et des résidus de l'échappement des automobiles. Ce mélange est très dangereux pour la santé, car il attaque le système respiratoire, pouvant même entraîner la mort des personnes particulièrement sensibles comme les asthmatiques, les bronchiteux chroniques, les vieillards ou les enfants en bas âge. Dans une ville comme Mexico, où le smog est très intense, on peut même trouver dans le centre-ville des distributrices d'oxygène pour les personnes qui en ressentent le besoin.

POURQUOI APPELLE-T-ON NEW YORK LA « BIG APPLE » ?

Ce sont les musiciens de jazz noirs américains qui ont commencé à utiliser cette expression au cours des années 20, à une époque où ils étaient victimes de discrimination. Pour eux, New York représentait le centre du monde, la mecque mondiale du jazz et pouvoir y arriver représentait une forme de consécration. La « Big Apple », c'était la pomme ultime, celle dans laquelle on rêvait de croquer.

D'OÙ VIENT L'EXPRESSION « TALON D'ACHILLE » ?

Selon les légendes grecques, Achille était le fils de Pélée, roi des Myrmidons, et de la nymphe Thétis. Celle-ci, pour rendre son fils invulnérable, le trempa dans les eaux du fleuve Styx en le tenant par le talon. Devenu adulte, Achille s'illustra au combat et devint un héros. Il finit par mourir des suites d'une blessure au talon, seule partie de son corps qui n'avait pas été trempée dans le Styx. On utilise donc le terme pour désigner le point vulnérable de quelqu'un.

D'OÙ VIENT L'EXPRESSION « VIEUX COMME MATHUSALEM » ?

Dans les Saintes Écritures, Mathusalem est réputé avoir vécu 969 ans, un record de tous les temps ! Seul Noé aurait eu une longévité presque aussi étonnante, puisqu'il serait mort à 950 ans. Il existe deux hypothèses pour expliquer ces extraordinaires longévités. La première voudrait que ces chiffres représentent leur âge en mois et non en années. Mathusalem et Noé auraient donc vécu respectivement 81 ans et 79 ans, ce qui était déjà admirable pour l'époque. La seconde serait à l'effet que les scribes qui auraient retranscrit les documents anciens auraient volontairement exagéré la longévité des personnages pour boucher des trous dans les arbres généalogiques, couvrant ainsi des périodes historiques très longues.

QUELLE EST L'ORIGINE DU MOT « CHÔMAGE » ?

Chômer vient du latin *caumare*, qui signifie « se reposer par grande chaleur ». Dans l'Antiquité, les paysans avaient appris à organiser leur travail de sorte qu'ils pouvaient prendre un répit pendant les périodes de canicule. À cette époque, le chômage était donc un arrêt volontaire de travail. Le mot est d'ailleurs resté, puisqu'on utilise encore le terme « jour chômé » pour désigner un congé férié. Le mot a pris sa signification actuelle lors du développement des sociétés industrielles qui ont vu apparaître les premiers chômeurs involontaires.

D'OÙ LE MOT « BOYCOTTER » VIENT-IL ?

En 1879, l'Irlande connut une crise économique et sociale. Les paysans qui exploitaient les terres devaient payer des redevances très élevées aux grands propriétaires terriens. L'opposition en profita alors pour mobiliser la masse des paysans et on les invita à refuser de travailler sur les terres de ceux qui les exploitaient. Un de ces grands propriétaires, le capitaine Boycott, fut la première victime de cette révolte. Incapable de trouver de la main-d'œuvre, il finit par s'exiler. L'action de boycotter consiste donc à couper toute relation avec une personne, un groupe ou un pays, pour exercer une pression ou des représailles.

Quelle est la différence entre hiverner et hiberner ?

L'action d'hiverner consiste tout simplement à passer l'hiver à l'abri. En ce sens, les vaches hivernent, puisqu'elles passent l'hiver dans l'étable. L'action d'hiberner présente une dimension supplémentaire et touche un certain nombre de mammifères (ours, marmotte, écureuil, par exemple) qui ont la capacité de mettre leur organisme en état léthargique pour la durée de l'hiver.

En architecture, qu'est-ce qu'une folie ?

En architecture, une folie désigne un bâtiment qui a été créé pour le plaisir ou comme exercice de style par un architecte. Cette tradition remonte à l'époque de Louis XIV, alors que les architectes de la cour reçurent le feu vert pour construire des bâtiments en laissant aller leur imagination. Les coûts souvent astronomiques de ces constructions leur valurent rapidement le nom de « folie ».

D'où vient le nom de la Maison-Blanche ?

Vous êtes-vous déjà demandé pourquoi la résidence du président des États-Unis s'appelle la Maison-Blanche ? En 1812, les Anglais brûlèrent l'intérieur de la maison présidentielle après avoir envahi Washington. Faute de fonds pour reconstruire, on refit l'intérieur et on se contenta de peindre l'extérieur en blanc pour cacher la suie. On fut satisfait du résultat et c'est à ce moment que le nom de Maison-Blanche lui fut donné.

D'OÙ LES NOTES DE MUSIQUE TIRENT-ELLES LEUR NOM ?

Les premiers à donner des noms aux notes de musique furent les Grecs, vers le VIe siècle. Leur notation était simple puisqu'elle était basée sur les lettres de l'alphabet A, B, C, D, E, F et G. Cette notation est toujours utilisée par les Anglo-Saxons et les lettres équivalent à *la, si, do, ré, mi, fa* et *sol*. Cette dernière nomenclature est tirée d'un hymne en latin consacré à Saint Jean-Baptiste, duquel on a pris les deux premières lettres des six premiers versets :

UT*queant laxis,*
RE*sonare fibris,*
MI*ra gestorum,*
FA*muli tuorum,*
SOL*ve polluti,*
LA*bii reatum,*
S*ancte* I*ohannes.*

Le si de S*ancte* I*ohannes* s'est ajouté plus tard et les Italiens ont remplacé le ut par le do au XVIIe siècle. Pour les curieux, l'hymne se traduit ainsi : « Afin que tes serviteurs puissent chanter avec des voix libérées le caractère admirable de tes actions. Ôte, saint Jean, le péché de leurs lèvres souillées. »

QUI EST LE BONHOMME SEPT-HEURES ?

Le bonhomme Sept-Heures n'existe pas. C'est un personnage qui a été inventé il y a fort longtemps pour inciter les enfants à être sages en leur faisant peur. En fait, l'origine du nom est anglaise. Le « bone setter » désignait le « ramancheur », ce personnage qui pouvait vous replacer les os et qui avait des talents de guérisseur. En même temps qu'on recourait aux services de ces personnes en cas de besoin, on les craignait car on ne savait pas si c'était Dieu ou le Diable qui les avait dotées de ce don. Le *bone setter*, personnage inquiétant, est lentement passé dans la langue québécoise comme le bonhomme Sept-Heures.

QUE SIGNIFIE TVHD ?

Le sigle TVHD est un sigle que nous allons voir de plus en plus fréquemment. Il signifie Télévision à haute définition et il représente la prochaine révolution dans le domaine de la télévision. Plusieurs normes sont à l'étude pour définir un standard mondial. Les Japonais ont déjà le leur, les Européens en préconisent un autre, ainsi que les Américains. Quel que soit le standard qui s'imposera, la définition des images que vous verrez sur votre téléviseur sera grandement améliorée puisque la résolution passera de 625 à plus de 1 000 lignes. On parle d'une image aussi nette que sur un écran de cinéma. Un autre terme qu'on entendra de plus en plus est celui du format 16/9. Celui-ci représente le ratio de la largeur de l'image par rapport à la hauteur. Cela signifie que nous pourrons voir des films en cinémascope, sans les bandes noires en haut et en bas de l'image. Les coûts de conversion à la TVHD seront au départ très élevés tant pour les consommateurs que pour les diffuseurs, mais ils diminueront graduellement par la suite.

QU'EST-CE QU'UN TGV ?

Le TGV est un train à grande vitesse. Cette technologie a été développée par les Français, les Anglais et les Japonais, qui rivalisent pour les rendre toujours plus rapides. En 1990, le TGV français a atteint la vitesse de 513 km/h. Il présente l'avantage de conduire les voyageurs d'un centre-ville à l'autre et d'être très confortable. C'est le moyen de transport de l'avenir et il risque de détrôner l'avion pour certains parcours. Au Québec, on parle depuis quelques années de mettre en service un TGV qui desservirait le corridor Québec-Montréal-Windsor ; on a aussi déjà parlé d'un TGV qui relierait Montréal à New York. Optera-t-on pour le modèle français, japonais ou anglais ?

D'OÙ VIENT LE NOM DE ROBOT ?

Le terme robot a été utilisé pour la première fois par un auteur dramatique tchèque, Karel Capek, dans les années 1920. Le mot vient du tchèque *robota*, qui signifie « travail forcé ». Dans une de ses pièces, *Les Robots universels de Rossum*, les robots industriels deviennent tellement intelligents qu'ils dominent le monde.

Il n'est donc pas étonnant, dans ces conditions, que l'homme ait rapidement pris ces créatures en aversion. Heureusement, on sait aujourd'hui que les robots peuvent être très utiles, entre autres dans l'industrie.

POURQUOI TOUTES LES TIRELIRES AVAIENT-ELLES AUTREFOIS LA FORME D'UN COCHON ?

Autrefois, les familles rurales pauvres engraissaient un cochon en prévision des mauvais jours. La tirelire a été inventée pour apprendre aux enfants à mettre de l'argent de côté, dans le même but. Pour les y encourager, on a eu l'idée de donner à celles-ci la forme de cochonnets, pour qu'ils puissent les engraisser en y déposant des pièces de monnaie. D'ailleurs, encore aujourd'hui, des personnes plus âgées utilisent encore le mot « cochon » pour désigner une tirelire.

D'OÙ VIENT LE MOT « TOURISTE » ?

Le mot « touriste » vient de l'anglais *tourist*. Ce mot désignait à l'origine les jeunes nobles anglais qui étaient assez fortunés pour se payer des tours de France ou d'Europe, vers le début du XIXe siècle. Thomas Cook, celui qui est considéré comme le créateur du tourisme et du voyage organisé, a commencé à l'utiliser pour désigner les voyageurs. L'utilisation du terme français a débuté quand l'écrivain Stendhal a publié ses *Mémoires d'un touriste*.

D'OÙ VIENT L'EXPRESSION « AS-TU TRENTE SOUS » ?

Anciennement, en France, le sou était une pièce de peu de valeur. Au Canada, dans le langage populaire, on a longtemps continué à utiliser indifféremment les termes « sou » et « cent » et à appeler une pièce d'un cent un « sou noir », par exemple. Alors, quand quelqu'un vous demande trente sous, il sait très bien que vous allez lui donner une pièce de 25 cents. Une façon de demander plus pour recevoir un peu moins ?

QUELLE DIFFÉRENCE Y A-T-IL ENTRE UNE TAUPE ET UN ESPION ?

Dans le monde de l'espionnage, la taupe se distingue de l'espion en ce qu'elle est prête à attendre des années pour atteindre des positions où elle aura accès à des informations confidentielles, avant de les transmettre à l'ennemi. Les taupes sont généralement des citoyens au-dessus de tout soupçon et font de l'espionnage pour des raisons tant idéologiques que financières.

L'exemple récent le plus célèbre est celui de quatre amis anglais : Burgess, MacLean, Philby et Blunt. Dans les années 30, ils décidèrent de travailler pour l'Union Soviétique. Intelligents, brillants même, ils se retrouvèrent tous quatre, après de longues années, dans des postes importants aux Affaires étrangères, dans les services de contre-espionnage et dans les services secrets. Ils purent ainsi livrer beaucoup de secrets d'État avant d'être découverts.

D'où vient le nom de l'Amérique ?

On sait que c'est Christophe Colomb qui a découvert l'Amérique. On peut donc se demander pourquoi notre continent ne s'appelle pas la Colombie, par exemple. La raison en est bien simple. Quand Colomb est débarqué sur nos rivages la première fois, il était convaincu d'avoir débarqué en Inde. Plus tard, Amerigo Vespucci explora une partie de l'Amérique du Sud. Contrairement à Colomb, il savait, lui, qu'il n'était pas en Inde. C'est donc à lui que revint l'honneur de baptiser cette terre nouvellement découverte.

Quel est le mot français le plus long ?

Dans chaque langue, il est possible d'inventer des mots composés qui peuvent atteindre un nombre élevé de lettres. Par contre, si on considère seulement les mots que l'on retrouve au dictionnaire, le mot « anticonstitutionnellement » est le plus long mot de la langue française, avec 25 lettres. Toujours dans les mots usuels, l'espagnol compte un mot de 22 lettres ; le croate, 25 ; l'italien, 26 ; le portugais, 27 ; l'anglais, 29 ; l'islandais, 29 ; le russe, 38 ; l'allemand, 39 ; le hongrois, 44. Le record toutes catégories, incluant les mots composés, appartient au suédois avec un mot de 130 lettres qui se traduit ainsi : « Travail préparatoire pour la contribution au débat sur le maintien d'un système de soutien du dispositif de simulateur de vol de l'aviation faisant partie de l'Artillerie installée sur la côte nord-est de la Baltique ».

QUELLE EST L'ORIGINE DU MOT BOUDOIR ?

Au XVIIIe siècle, chaque grande demeure française avait son boudoir. Originalement, cette pièce était un refuge pour la maîtresse de maison. Elle pouvait aller s'y prélasser, loin du bruit et de la lumière. Lors de réceptions mondaines, l'hôtesse pouvait aller s'y reposer en compagnie de quelques intimes, mais il pouvait lui arriver de s'y isoler pour tout simplement y... bouder, quand elle connaissait une contrariété.

QUELLE EST L'ORIGINE DU COUVRE-FEU ?

Il y a déjà plus de 1 000 ans, les habitations européennes étaient dotées d'un grand foyer central qui servait à faire cuire les aliments et à chauffer la maison. Or ces maisons étaient construites en matériaux très inflammables et devaient faire l'attention de soins particuliers. En cas d'incendie, les pompiers devaient transporter des seaux d'eau sur les lieux, ce qui était lent et qui laissait la possibilité au feu de se propager aux autres maisons. Parmi les premières mesures de sécurité qui furent adoptées, on imposa aux habitants de recouvrir leur feu de cendres avant de se coucher. Quand la noirceur tombait, une cloche avisait les habitants de rentrer chez eux pour prendre soin de leur foyer. L'expression est demeurée, mais de nos jours, elle prend une tout autre signification. L'heure du couvre-feu est maintenant l'heure où les habitants d'une ville doivent rentrer chez eux pour ne plus en ressortir. Cela se produit généralement en temps de guerre, d'émeutes ou de troubles graves, et le couvre-feu est décrété par les autorités d'une ville, d'une région ou d'un pays.

D'OÙ LA MER MORTE TIRE-T-ELLE SON NOM ?

La mer Morte est en fait un grand lac salé, long d'une centaine de kilomètres, qui sépare la Jordanie de l'État d'Israël, au Moyen-Orient. Alors que la concentration de sel dans les océans est d'environ 4 %, dans la mer Morte elle atteint 26 %. C'est cela qui fait qu'il est extrêmement facile d'y flotter. Par contre, une telle concentration de sel fait qu'aucune vie n'y est possible.

Une autre particularité de la mer Morte est qu'elle est située à près de 400 m sous le niveau de la mer, en faisant le point le plus bas de toute la surface terrestre.

D'OÙ LE RATON LAVEUR TIRE-T-IL SON NOM ?

Le raton laveur a la manie de tremper sa nourriture dans l'eau avant de manger. On a longtemps cru que c'était par souci de propreté, mais on s'est rendu compte que l'eau dans laquelle il trempait ses aliments était souvent plus sale que les aliments eux-mêmes. On croit donc qu'il fait cela parce qu'il a besoin de boire en mangeant, mais le nom lui est resté.

QU'ENTEND-ON PAR UN COUP DE GRISOU ?

Dans une mine de charbon, on rencontre parfois des poches de grisou, qui est un gaz extrêmement inflammable. Bien que beaucoup de précautions soient prises pour assurer la sécurité des mineurs, il peut suffire d'une simple étincelle pour le faire exploser. C'est pour cette raison qu'une explosion de ce type s'appelle un coup de grisou.

INDEX

D

E

N

O

P

Q

R

S

T

U

V

W

Y

Z

AGMV Marquis
MEMBRE DE SCABRINI MEDIA
Québec, Canada
2001